楞严经

竹和松出版社

©2025 竹和松出版社（Zhu & Song Press）

出版：竹和松出版社（Zhu & Song Press）

Zhu & Song Press, LLC

责任编辑：朱晓红

责编信箱：editor@zhuandsongpress.com

zhuandsongpress@gmail.com

封面设计：竹和松传媒

出版社网址：www.zhuandsongpress.com

印刷地：美国

发行：全球

ISBN-13:978-1-950797-72-1

电子书 ISBN-13:978-1-950797-73-8

版权所有，侵权必究

内容简介

《楞严经》是佛教上的一部极重要的大经,可说是一部佛教修行大全。因为此经在内容上,包含了显密性相各方面重要的道理;在宗派上则横跨禅净密律,均衡发挥,各得其所;在修行的次第上,则更是充实、圆满:举凡发心、解、行、证、悟,皆详尽剖析开示--从教令正发心起,经循循善诱的破惑、见真(明心见性)、依性起修(设坛结界、于实际上起正修行),并详细开示了一切凡圣境界(二十五圣圆通、三界七趣众生),令于圣境起企慕、而于凡外得知解,从而不受迷惑、不入岔道;又详述六十位修证(三渐次、干慧地、十信、十住、十行、十回向、四加行、十地、等觉、妙觉)令行者于菩提道上知所趣向;最后更广开示五阴魔境,及其破除之法,俾于菩提道上能克服魔怨留难,所修圆满成就。

目录

大佛顶首楞严经 7

卷一 7

卷二 13

卷三 20

卷四 28

卷五 35

卷六 42

卷七 49

卷八 57

卷九 65

卷十 74

大佛顶首楞严经

唐天竺·沙门般剌密帝译

卷一

如是我闻。一时佛在室罗筏城，祇桓精舍。与大比丘众，千二百五十人俱。皆是无漏大阿罗汉。佛子住持，善超诸有。能于国土，成就威仪。从佛转轮，妙堪遗嘱。严净毗尼，弘范三界。应身无量，度脱众生。拔济未来，越诸尘累。其名曰。大智舍利弗。摩诃目犍连。摩诃拘絺罗。富楼那弥多罗尼子。须菩提。优波尼沙陀等。而为上首。复有无量辟支无学。并其初心。同来佛所。属诸比丘休夏自恣。十方菩萨咨决心疑。钦奉慈严将求密义。即时如来敷座宴安。为诸会中，宣示深奥。法筵清众，得未曾有。迦陵仙音，遍十方界。恒沙菩萨，来聚道场。文殊师利而为上首。时波斯匿王，为其父王讳日营斋。请佛宫掖。自迎如来。广设珍羞无上妙味。兼复亲延诸大菩萨。城中复有长者居士同时饭僧。伫佛来应。佛敕文殊，分领菩萨及阿罗汉，应诸斋主。唯有阿难，先受别请。远游未还，不遑僧次。既无上座，及阿阇黎。途中独归。其日无供。即时阿难，执持应器，于所游城，次第循乞。心中初求最后檀越，以为斋主。无问净秽，刹利尊姓，及旃陀罗。方行等慈，不择微贱。发意圆成，一切众生，无量功德。阿难已知如来世尊，诃须菩提，及大迦叶，为阿罗汉，心不均平。钦仰如来，开阐无遮，度诸疑谤。经彼城隍，徐步郭门。严整威仪，肃恭斋法。尔时阿难，因乞食次，经历淫室，遭大幻术。摩登伽女，以娑毗迦罗先梵天咒，摄入淫席。淫躬抚摩，将毁戒体。

如来知彼淫术所加，斋毕旋归。王及大臣长者居士，俱来随佛，愿闻法要。于时世尊。顶放百宝无畏光明，光中出生千叶宝莲，有佛化身，结跏趺坐，宣说神咒。敕文殊师利将咒往护。恶咒消灭。提奖阿难，及摩登伽，归来佛所。阿难见佛。顶礼悲泣。恨无始来。一向多闻，未全道力。殷勤启请，十方如来得成菩提，妙奢摩他，三摩，禅那，最初方便。于时复有恒沙菩萨，及诸十方大阿罗汉，辟支佛等，俱愿乐闻。退坐默然，承受圣旨。

佛告阿难。汝我同气，情均天伦。当初发心，于我法中，见何胜相，顿舍世间深重恩爱。阿难白佛。我见如来三十二相。胜妙殊绝。

形体映彻，犹如琉璃。常自思惟，此相非是欲爱所生。何以故。欲气粗浊，腥臊交遘，脓血杂乱，不能发生胜净妙明紫金光聚。是以渴仰，从佛剃落。

佛言：善哉阿难。汝等当知一切众生，从无始来。生死相续，皆由不知常住真心性净明体。用诸妄想。此想不真，故有轮转。汝今欲研无上菩提真发明性。应当直心詶我所问。十方如来同一道故，出离生死，皆以直心。心言直故，如是乃至终始地位，中间永无诸委曲相。

阿难，我今问汝。当汝发心缘于如来三十二相，将何所见，谁为爱乐。阿难白佛言：世尊，如是爱乐，用我心目。由目观见如来胜相，心生爱乐。故我发心，愿舍生死。佛告阿难。如汝所说。真所爱乐，因于心目。若不识知心目所在，则不能得降伏尘劳。譬如国王，为贼所侵，发兵讨除。是兵要当知贼所在。使汝流转，心目为咎。吾今问汝，唯心与目，今何所在。

阿难白佛言：世尊，一切世间十种异生，同将识心居在身内。纵观如来青莲华眼，亦在佛面。我今观此浮根四尘，只在我面。如是识心，实居身内。佛告阿难。汝今现坐如来讲堂。观祇陀林今何所在。世尊，此大重阁清净讲堂，在给孤园。今祇陀林实在堂外。阿难，汝今堂中，先何所见。世尊，我在堂中，先见如来，次观大众。如是外望，方瞩林园。阿难，汝瞩林园，因何有见。世尊，此大讲堂，户牖开豁。故我在堂，得远瞻见。

尔时世尊，在大众中，舒金色臂，摩阿难顶。告示阿难及诸大众。有三摩提。名大佛顶首楞严王．具足万行．十方如来．一门超出．妙庄严路。汝今谛听。阿难顶礼，伏受慈旨。

佛告阿难。如汝所言，身在讲堂，户牖开豁，远瞩林园。亦有众生在此堂中，不见如来，见堂外者。阿难答言。世尊，在堂不见如来，能见林泉，无有是处。阿难，汝亦如是。汝之心灵一切明了。若汝现前所明了心实在身内，尔时先合了知内身。颇有众生，先见身中，后观外物，纵不能见心肝脾胃，爪生发长，筋转脉摇，诚合明了，如何不知。必不内知，云何知外。是故应知，汝言觉了能知之心，住在身内，无有是处。

阿难稽首而白佛言：我闻如来如是法音。悟知我心实居身外。所以者何。譬如灯光然于室中，是灯必能先照室内，从其室门，后及庭际。一切众生，不见身中，独见身外。亦如灯光，居在室外，不能照室。是义必明，将无所惑。同佛了义得无妄耶。

佛告阿难。是诸比丘，适来从我室罗筏城，循乞抟食，归祇陀林。我已宿斋。汝观比丘，一人食时，诸人饱不。阿难答言：不也，世尊。何以故。是诸比丘，虽阿罗汉，躯命不同。云何一人能令众饱。佛告阿难。若汝觉了知见之心，实在身外，身心相外，自不相干。则心所知，身不能觉。觉在身际，心不能知。我今示汝兜罗绵手，汝眼见时，心分别不。阿难答言：如是，世尊。佛告阿难。若相知者，云何在外。是故应知，汝言觉了能知之心，住在身外，无有是处。

阿难白佛言。世尊，如佛所言，不见内故，不居身内。身心相知，不相离故，不在身外。我今思惟，知在一处。佛言：处今何在。阿难言：此了知心，既不知内，而能见外。如我思忖，潜伏根里。犹如有人，取琉璃碗，合其两眼。虽有物合，而不留碍。彼根随见，随即分别。然我觉了能知之心，不见内者，为在根故。分明瞩外，无障碍者，潜根内故。佛告阿难。如汝所言，潜根内者，犹如琉璃。彼人当以琉璃笼眼，当见山河，见琉璃不。如是，世尊，是人当以琉璃笼眼，实见琉璃。佛告阿难。汝心若同琉璃合者，当见山河，何不见眼。若见眼者，眼即同境，不得成随。若不能见，云何说言此了知心，潜在根内，如琉璃合。是故应知，汝言觉了能知之心，潜伏根里，如琉璃合，无有是处。

阿难白佛言。世尊，我今又作如是思惟。是众生身，腑藏在中，窍穴居外。有藏则暗。有窍则明。今我对佛，开眼见明，名为见外。闭眼见暗，名为见内。是义云何。佛告阿难。汝当闭眼见暗之时，此暗境界，为与眼对，为不对眼。若与眼对，暗在眼前，云何成内。若成内者，居暗室中，无日月灯，此室暗中，皆汝焦腑。若不对者，云何成见。若离外见，内对所成。合眼见暗，名为身中。开眼见明，何不见面。若不见面，内对不成。见面若成，此了知心，及与眼根，乃在虚空，何成在内。若在虚空，自非汝体。即应如来今见汝面，亦是汝身。汝眼已知，身合非觉。必汝执言身眼两觉，应有二知，即汝一身，应成两佛。是故应知，汝言见暗名见内者，无有是处。

阿难言。我尝闻佛开示四众。由心生故，种种法生。由法生故，种种心生。我今思惟，即思惟体，实我心性。随所合处，心则随有。亦非内外中间三处。佛告阿难。汝今说言，由法生故，种种心生。随所合处，心随有者。是心无体，则无所合。若无有体而能合者，则十九界因七尘合。是义不然。若有体者，如汝以手自挃其体。汝所知心，为复内出，为从外入。若复内出，还见身中。若从外来，先合见面。阿难言：见是其眼。心知非眼。为见非义。佛言：若眼能见，汝在室中，门能见不。则诸已死，尚有眼存，应皆见物。若见物者，云何名死。阿难，又汝觉了能知之心，若必有体，为复一体，为有多体。今在汝身，为复遍体，为不遍体。若一体者，则汝以手挃一支时，四支应觉。若咸觉者，挃应无在。若挃有所，则汝一体，自不能成。若多体者，则成多人，何体为汝。若遍体者，同前所挃。若不遍者，当汝触头，亦触其足，头有所觉，足应无知。今汝不然。是故应知，随所合处，心则随有，无有是处。

阿难白佛言。世尊，我亦闻佛，与文殊等诸法王子，谈实相时，世尊亦言，心不在内，亦不在外。如我思惟，内无所见，外不相知。内无知故，在内不成。身心相知，在外非义。今相知故，复内无见，当在中间。佛言：汝言中间，中必不迷，非无所在。今汝推中，中何为在。为复在处。为当在身。若在身者，在边非中，在中同内。若在处者，为有所表，为无所表。无表同无。表则无定。何以故。如人以表，表为中时，东看则西，南观成北。表体既混，心应杂乱。阿难言：我所说中，非此二种。如世尊言，眼色为缘，生于眼识。眼有分别，色尘无知。识生其中，则为心在。佛言。汝心若在根尘之中，此之心体，为复兼二，为不兼二。若兼二者，物体杂乱。物非体知，成敌两立，云何为中。兼二不成，非知不知，即无体性，中何为相。是故应知，当在中间，无有是处。

阿难白佛言。世尊，我昔见佛，与大目连、须菩提、富楼那、舍利弗，四大弟子，共转法轮。常言觉知分别心性，既不在内，亦不在外，不在中间，俱无所在，一切无著，名之为心。则我无著，名为心不。佛告阿难。汝言觉知分别心性，俱无在者。世间虚空，水陆飞行，诸所物象，名为一切。汝不著者，为在为无。无则同于龟毛兔角，云何不著。有不著者，不可名无。无相则无，非无则相，相有则在，云何无著。是故应知，一切无著，名觉知心，无有是处。

尔时阿难，在大众中，即从座起，偏袒右肩，右膝著地，合掌恭敬，而白佛言：我是如来最小之弟，蒙佛慈爱，虽今出家，犹恃憍怜。所以多闻未得无漏。不能折伏娑毗罗咒。为彼所转，溺于淫舍。当由不知真际所诣。惟愿世尊，大慈哀愍，开示我等奢摩他路，令诸阐提。隳弥戾车。作是语已，五体投地，及诸大众，倾渴翘伫，钦闻示诲。

尔时世尊，从其面门，放种种光。其光晃耀，如百千日。普佛世界，六种震动。如是十方微尘国土，一时开现。佛之威神，令诸世界合成一界。其世界中，所有一切诸大菩萨，皆住本国，合掌承听。

佛告阿难。一切众生，从无始来，种种颠倒，业种自然，如恶叉聚。诸修行人，不能得成无上菩提，乃至别成声闻缘觉，及成外道，诸天魔王，及魔眷属。皆由不知二种根本，错乱修习。犹如煮沙，欲成嘉馔，纵经尘劫，终不能得。云何二种。阿难，一者，无始生死根本。则汝今者，与诸众生，用攀缘心，为自性者。二者，无始菩提涅槃元清净体。则汝今者识精元明，能生诸缘，缘所遗者。由诸众生，遗此本明，虽终日行，而不自觉，枉入诸趣。

阿难，汝今欲知奢摩他路，愿出生死。今复问汝。即时如来举金色臂，屈五轮指，语阿难言。汝今见不。阿难言见。佛言，汝何所见。阿难言。我见如来举臂屈指，为光明拳，耀我心目。佛言：汝将谁见。阿难言：我与大众，同将眼见。佛告阿难。汝今答我，如来屈指为光明拳，耀汝心目。汝目可见，以何为心，当我拳耀。阿难言：如来现今征心所在。而我以心推穷寻逐，即能推者，我将为心。佛言。咄。阿难，此非汝心。阿难矍然，避座合掌，起立白佛：此非我心，当名何等？佛告阿难：此是前尘虚妄相想，惑汝真性。由汝无始至于今生，认贼为子，失汝元常，故受轮转。

阿难白佛言：世尊，我佛宠弟，心爱佛故，令我出家。我心何独供养如来。乃至遍历恒沙国土，承事诸佛，及善知识，发大勇猛，行诸一切难行法事，皆用此心。纵令谤法，永退善根，亦因此心。若此发明不是心者，我乃无心同诸土木，离此觉知，更无所有。云何如来说此非心。我实惊怖。兼此大众，无不疑惑。惟垂大悲，开示未悟。

尔时世尊。开示阿难。及诸大众。欲令心入无生法忍。于师子座，摩阿难顶，而告之言：如来常说诸法所生，唯心所现。一切因果，世界微尘，因心成体。阿难，若诸世界，一切所有，其中乃至草叶缕结，诘其根元，咸有体性。纵令虚空，亦有名貌。何况清净妙净明心，性一切心，而自无体。若汝执吝，分别觉观，所了知性，必为心者。此心即应离诸一切色香味触诸尘事业，别有全性。如汝今者承听我法，此则因声而有分别。纵灭一切见闻觉知，内守幽闲，犹为法尘分别影事。我非敕汝，执为非心。但汝于心，微细揣摩。若离前尘有分别性，即真汝心。若分别性，离尘无体，斯则前尘分别影事。尘非常住，若变灭时，此心则同龟毛兔角，则汝法身同于断灭，其谁修证，无生法忍。即时阿难，与诸大众，默然自失。佛告阿难。世间一切诸修学人，现前虽成九次第定，不得漏尽成阿罗汉，皆由执此生死妄想，误为真实。是故汝今虽得多闻不成圣果。

阿难闻已。重复悲泪，五体投地，长跪合掌，而白佛言：自我从佛发心出家，恃佛威神。常自思惟，无劳我修，将谓如来惠我三昧。不知身心本不相代。失我本心。虽身出家，心不入道。譬如穷子，舍父逃逝。今日乃知：虽有多闻，若不修行，与不闻等。如人说食，终不能饱。世尊，我等今者，二障所缠。良由不知寂常心性。惟愿如来，哀愍穷露，发妙明心，开我道眼。

即时如来，从胸卍字，涌出宝光。其光晃昱有百千色。十方微尘，普佛世界，一时周遍。遍灌十方所有宝刹诸如来顶。旋至阿难，及诸大众。告阿难言：吾今为汝建大法幢。亦令十方一切众生，获妙微密，性净明心，得清净眼。阿难，汝先答我见光明拳。此拳光明，因何所有。云何成拳。汝将谁见。阿难言：由佛全体阎浮檀金，赩如宝山，清净所生，故有光明。我实眼观，五轮指端，屈握示人，故有拳相。佛告阿难。如来今日实言告汝。诸有智者，要以譬喻而得开悟。阿难，譬如我拳，若无我手，不成我拳。若无汝眼，不成汝见。以汝眼根，例我拳理，其义均不。阿难言：唯然世尊。既无我眼，不成我见。以我眼根，例如来拳，事义相类。佛告阿难。汝言相类，是义不然。何以故。如无手人，拳毕竟灭。彼无眼者，非见全无。所以者何。汝试于途，询问盲人，汝何所见。彼诸盲人，必来答汝，我今眼前，唯见黑暗，更无他瞩。以是义观，前尘自暗，见何亏损。阿难言：诸盲眼前，唯睹黑暗，云何成见。佛告阿难。诸盲无眼，唯观黑暗，与有眼人，处于暗室，二黑有别，为无有别。如是世尊。此暗中人，与彼群盲，二黑校量，曾无有异。阿难，若无眼人，全见前黑，忽得眼光，还于前尘见种种色，名眼见者。彼暗中人，全见前黑，忽获灯光，亦于前尘见种种色，应名灯见。若灯见者，灯能有见，自不名灯。又则灯观，何关汝事。是故当知，灯能显色。如是见者，是眼非灯。眼能显色，如是见性，是心非眼。

阿难虽复得闻是言，与诸大众，口已默然，心未开悟。犹冀如来慈音宣示，合掌清心，伫佛悲诲。

尔时世尊。舒兜罗绵网相光手，开五轮指，诲敕阿难，及诸大众。我初成道，于鹿园中，为阿若多五比丘等，及汝四众言。一切众生，不成菩提，及阿罗汉，皆由客尘烦恼所误。汝等当时，因何开悟，今成圣果。

时憍陈那，起立白佛。我今长老，于大众中，独得解名。因悟客尘二字成果。世尊，譬如行客，投寄旅亭，或宿或食，食宿事毕，俶装前途，不遑安住。若实主人，自无攸往。如是思惟，不住名客，住名主人，以不住者，名为客义。又如新霁。清旸升天，光入隙中，发明空中诸有尘相。尘质摇动，虚空寂然。如是思惟，澄寂名空。摇动名尘。以摇动者，名为尘义。

佛言如是。即时如来，于大众中，屈五轮指，屈已复开，开已又屈。谓阿难言：汝今何见。阿难言：我见如来百宝轮掌，众中开合。佛告阿难。汝见我手，众中开合。为是我手，有开有合。为复汝见，有开有合。阿难言：世尊宝手，众中开合。我见如来手自开合。非我见性有开有合。佛言：谁动谁静。阿难言：佛手不住。而我见性，尚无有静，谁为无住。佛言如是。如来于是从轮掌中，飞一宝光，在阿难右。即时阿难，回首右盼。又放一光，在阿难左，阿难又则回首左盼。佛告阿难。汝头今日何因摇动。阿难言：我见如来出妙宝光，来我左右，故左右观，头自摇动。阿难，汝盼佛光，左右动头，为汝头动，为复见动。世尊，我头自动，而我见性尚无有止，谁为摇动。佛言如是。于是如来，普告大众，若复众生，以摇动者名之为尘。以不住者，名之为客。汝观阿难头自动摇，见无所动。又汝观我手自开合，见无舒卷。云何汝今，以动为身，以动为境。从始洎终，念念生灭，遗失真性，颠倒行事。性心失真，认物为己。轮回是中，自取流转。

卷二

尔时阿难,及诸大众。闻佛示诲,身心泰然。念无始来,失却本心。妄认缘尘,分别影事。今日开悟,如失乳儿,忽遇慈母。合掌礼佛。愿闻如来,显出身心,真妄虚实,现前生灭与不生灭,二发明性。

时波斯匿王,起立白佛。我昔未承诸佛诲敕。见迦旃延毗罗胝子。咸言此身死后断灭,名为涅槃。我虽值佛,今犹狐疑。云何发挥证知此心,不生灭地。今此大众,诸有漏者,咸皆愿闻。

佛告大王。汝身现在。今复问汝。汝此肉身,为同金刚常住不朽,为复变坏。世尊,我今此身,终从变灭。佛言大王。汝未曾灭,云何知灭。世尊,我此无常变坏之身。虽未曾灭。我观现前,念念迁谢,新新不住。如火成灰,渐渐销殒。殒亡不息。决知此身,当从灭尽。佛言:如是,大王,汝今生龄,已从衰老,颜貌何如童子之时。世尊,我昔孩孺,肤腠润泽。年至长成,血气充满。而今颓龄。迫于衰耄,形色枯悴,精神昏昧,发白面皱,逮将不久,如何见比充盛之时。佛言大王。汝之形容,应不顿朽。王言世尊。变化密移,我诚不觉。寒暑迁流,渐至于此。何以故。我年二十,虽号年少。颜貌已老初十岁时。三十之年,又衰二十。于今六十,又过于二,观五十时,宛然强壮。世尊,我见密移。虽此殂落。其间流易,且限十年。若复令我微细思惟,其变宁唯一纪二纪,实为年变。岂唯年变,亦兼月化。何直月化,兼又日迁。沉思谛观,刹那刹那,念念之间,不得停住。故知我身,终从变灭。

佛告大王。汝见变化,迁改不停,悟知汝灭。亦于灭时,汝知身中有不灭耶。波斯匿王。合掌白佛。我实不知。佛言,我今示汝不生灭性。大王,汝年几时,见恒河水。王言:我生三岁,慈母携我,谒耆婆天,经过此流,尔时即知是恒河水。佛言大王。如汝所说,二十之时,衰于十岁,乃至六十,日月岁时,念念迁变。则汝三岁见此河时,至年十三,其水云何。王言:如三岁时,宛然无异。乃至于今,年六十二,亦无有异,佛言:汝今自伤发白面皱。其面必定皱于童年。则汝今时,观此恒河,与昔童时,观河之见,有童耄不。王言:不也,世尊。佛言大王。汝面虽皱,而此见精,性未曾皱。皱者为变。不皱非变。变者受灭。彼不变者,元无生灭。云何于中受汝生死。而犹引彼末伽黎等,都言此身死后全灭。王闻是言。信知身后舍生趣生。与诸大众,踊跃欢喜,得未曾有。

阿难即从座起。礼佛合掌,长跪白佛。世尊,若此见闻,必不生灭,云何世尊,名我等辈,遗失真性,颠倒行事。愿兴慈悲,洗我尘垢。

即时如来垂金色臂，轮手下指，示阿难言。汝今见我母陀罗手，为正为倒。阿难言：世间众生，以此为倒，而我不知谁正谁倒。佛告阿难。若世间人，以此为倒，即世间人，将何为正。阿难言：如来竖臂，兜罗绵手，上指于空，则名为正。佛即竖臂，告阿难言：若此颠倒，首尾相换。诸世间人，一倍瞻视。则知汝身，与诸如来清净法身，比类发明，如来之身，名正遍知。汝等之身，号性颠倒。随汝谛观。汝身佛身，称颠倒者，名字何处，号为颠倒。

于时阿难与诸大众，瞪瞢瞻佛，目睛不瞬，不知身心，颠倒所在。佛兴慈悲，哀愍阿难及诸大众。发海潮音，遍告同会。诸善男子，我常说言，色心诸缘，及心所使诸所缘法，唯心所现。汝身汝心，皆是妙明真精妙心中所现物。云何汝等，遗失本妙，圆妙明心，宝明妙性。认悟中迷。晦昧为空，空晦暗中，结暗为色。色杂妄想，想相为身。聚缘内摇，趣外奔逸。昏扰扰相，以为心性。一迷为心，决定惑为色身之内。不知色身，外洎山河虚空大地，咸是妙明真心中物。譬如澄清百千大海弃之。唯认一浮沤体，目为全潮，穷尽瀛渤。汝等即是迷中倍人。如我垂手。等无差别。如来说为可怜愍者。

阿难承佛悲救深诲。垂泣叉手，而白佛言：我虽承佛如是妙音，悟妙明心，元所圆满，常住心地。而我悟佛现说法音，现以缘心，允所瞻仰，徒获此心，未敢认为本元心地。愿佛哀愍，宣示圆音。拔我疑根，归无上道。

佛告阿难。汝等尚以缘心听法，此法亦缘，非得法性。如人以手，指月示人。彼人因指，当应看月。若复观指以为月体，此人岂唯亡失月轮，亦亡其指。何以故。以所标指为明月故。岂唯亡指。亦复不识明之与暗。何以故。即以指体，为月明性。明暗二性，无所了故。汝亦如是，若以分别我说法音，为汝心者。此心自应离分别音有分别性。譬如有客，寄宿旅亭，暂止便去，终不常住。而掌亭人，都无所去，名为亭主。此亦如是。若真汝心，则无所去。云何离声，无分别性。斯则岂唯声分别心。分别我容，离诸色相，无分别性。如是乃至分别都无，非色非空，拘舍离等，昧为冥谛。离诸法缘，无分别性。则汝心性，各有所还，云何为主。

阿难言：若我心性，各有所还。则如来说，妙明元心，云何无还。惟垂哀愍，为我宣说。

佛告阿难。且汝见我，见精明元。此见虽非妙精明心。如第二月，非是月影。汝应谛听。今当示汝无所还地。阿难：此大讲堂，洞开东方，日轮升天，则有明耀。中夜黑月，云雾晦暝，则复昏暗。户牖之隙，则复见通。墙宇之间，则复观壅。分别之处，则复见缘。顽虚之中，遍是空性。郁孛之象，则纡昏尘。澄霁敛氛，又观清净。阿难：汝咸看此诸变化相。吾今各还本所因处。云何本因。阿难：此诸变化：明还日轮。何以故。无日不明，明因属日，是故还日。暗还黑月。通还户牖。壅还墙宇。缘还分别，顽虚还空。郁孛还尘。清明还霁。则诸世间一切所有，不出斯类。汝见八种见精明性，当欲谁还。何以故。若还于明，则不明时，无复见暗。虽明暗等，种种差别，见无差别。诸可还者，自然非汝。不汝还者，非汝而谁。则知汝心，本妙明净，汝自迷闷。丧本受轮，于生死中，常被漂溺。是故如来，名可怜愍。

阿难言：我虽识此见性无还。云何得知是我真性。

佛告阿难。吾今问汝。今汝未得无漏清净。承佛神力，见于初禅，得无障碍。而阿那律。见阎浮提，如观掌中庵摩罗果。诸菩萨等，见百千界。十方如来，穷尽微尘，清净国土，无所不瞩。众生洞视，不过分寸。阿难：且吾与汝，观四天王所住宫殿。中间遍览水陆空行。虽有昏明，种种形像。无非前尘，分别留碍。汝应于此，分别自他。今吾将汝，择于见中，谁是我体，谁为物象。阿难。极汝见源，从日月宫，是物非汝。至七金山，周遍谛观，虽种种光，亦物非汝。渐渐更观，云腾鸟飞，风动尘起，树木山川，草芥人畜，咸物非汝。阿难。是诸近远诸有物性，虽复差殊，同汝见精，清净所瞩。则诸物类，自有差别，见性无殊。此精妙明，诚汝见性。若见是物，则汝亦可见吾之见。若同见者，名为见吾。吾不见时，何不见吾不见之处。若见不见，自然非彼不见之相。若不见吾不见之地，自然非物，云何非汝。又则汝今见物之时。汝既见物，物亦见汝。体性纷杂，则汝与我，并诸世间，不成安立。阿难：若汝见时，是汝非我，见性周遍，非汝而谁。云何自疑汝之真性，性汝不真，取我求实。

阿难白佛言：世尊。若此见性，必我非余。我与如来，观四天王胜藏宝殿，居日月宫，此见周圆，遍娑婆国。退归精舍，只见伽蓝。清心户堂，但瞻檐庑。世尊。此见如是，其体本来周遍一界。今在室中，唯满一室，为复此见缩大为小。为当墙宇夹令断绝。我今不知斯义所在。愿垂弘慈为我敷演。

佛告阿难：一切世间大小内外，诸所事业，各属前尘，不应说言见有舒缩。譬如方器，中见方空。吾复问汝。此方器中所见方空，为复定方，为不定方。若定方者，别安圆器，空应不圆。若不定者，在方器中，应无方空。汝言不知斯义所在。义性如是。云何为在。阿难：若复欲令入无方圆。但除器方，空体无方。不应说言，更除虚空方相所在。若如汝问，入室之时，缩见令小。仰观日时，汝岂挽见齐于日面。若筑墙宇，能夹见断。穿为小窦，宁无续迹。是义不然。一切众生，从无始来，迷己为物，失于本心，为物所转。故于是中，观大观小。若能转物，则同如来，身心圆明，不动道场。于一毛端，遍能含受十方国土。

阿难白佛言：世尊，若此见精，必我妙性。今此妙性，现在我前，见必我真。我今身心，复是何物。而今身心分别有实。彼见无别分辨我身。若实我心，令我今见。见性实我，而身非我。何殊如来先所难言，物能见我。惟垂大慈，开发未悟。

佛告阿难：今汝所言，见在汝前，是义非实。若实汝前，汝实见者，则此见精，既有方所，非无指示。且今与汝坐只陀林，遍观林渠，及与殿堂，上至日月，前对恒河。汝今于我师子座前，举手指陈，是种种相。阴者是林。明者是日。碍者是壁。通者是空。如是乃至草树纤毫，大小虽殊。但可有形，无不指著。若必其见，现在汝前。汝应以手确实指陈，何者是见。阿难当知。若空是见，既已成见，何者是空。若物是见，既已是见，何者为物。汝可微细披剥万象，析出精明净妙见元，指陈示我，同彼诸物，分明无惑。

阿难言：我今于此重阁讲堂，远泊恒河，上观日月，举手所指，纵目所观，指皆是物，无是见者。世尊。如佛所说，况我有漏初学声闻，乃至菩萨，亦不能于万物象前，剖出精见，离一切物，别有自性。

佛言：如是如是。佛复告阿难。如汝所言。无有见精，离一切物，别有自性。则汝所指是物之中，无是见者。今复告汝。汝与如来，坐祇陀林，更观林苑，乃至日月，种种象殊，必无见精，受汝所指。

汝又发明此诸物中，何者非见。阿难言：我实遍见此祇陀林。不知是中何者非见。何以故。若树非见，云何见树。若树即见，复云何树。如是乃至若空非见，云何见空。若空即见。复云何空。我又思惟，是万象中，微细发明，无非见者。

佛言：如是如是。于是大众，非无学者，闻佛此言，茫然不知是义终始，一时惶悚，失其所守。如来知其魂虑变慴。心生怜愍。安慰阿难，及诸大众。诸善男子。无上法王。是真实语，如所如说，不诳不妄。非末伽黎，四种不死矫乱论议。汝谛思惟，无忝哀慕。

是时文殊师利法王子。愍诸四众，在大众中，即从座起，顶礼佛足，合掌恭敬，而白佛言：世尊，此诸大众，不悟如来发明二种精见色空。是非是义。世尊。若此前缘色空等象，若是见者，应有所指。若非见者，应无所瞩。而今不知是义所归。故有惊怖。非是畴昔善根轻鲜。惟愿如来大慈发明，此诸物象，与此见精，元是何物，于其中间，无是非是。

佛告文殊，及诸大众：十方如来，及大菩萨，于其自住三摩地中，见与见缘，并所想相，如虚空华，本无所有。此见及缘，元是菩提妙净明体。云何于中有是非是。文殊。吾今问汝。如汝文殊。更有文殊是文殊者。为无文殊。

如是世尊。我真文殊。无是文殊。何以故。若有是者，则二文殊。然我今日，非无文殊。于中实无是非二相。

佛言：此见妙明，与诸空尘，亦复如是。本是妙明．无上菩提．净圆真心。妄为色空。及与闻见。如第二月，谁为是月，又谁非月。文殊。但一月真。中间自无是月非月。是以汝今观见与尘，种种发明，名为妄想。不能于中出是非是。由是真精妙觉明性。故能令汝出指非指。

阿难白佛言：世尊。诚如法王所说，觉缘遍十方界，湛然常住，性非生灭。与先梵志娑毗迦罗，所谈冥谛，及投灰等诸外道种，说有真我遍满十方，有何差别。世尊亦曾于楞伽山，为大慧等敷演斯义。彼外道等，常说自然，我说因缘，非彼境界。我今观此觉性自然非生非灭，远离一切虚妄颠倒，似非因缘，与彼自然。云何开示，不入群邪，获真实心妙觉明性。

佛告阿难。我今如是开示方便，真实告汝。汝犹未悟，惑为自然。阿难。若必自然，自须甄明有自然体。汝且观此妙明见中，以何为自。此见为复以明为自，以暗为自，以空为自，以塞为自。阿难。若明为自，应不见暗。若复以空为自体者，应不见塞。如是乃至诸暗等相以为自者，则于明时，见性断灭，云何见明。

阿难言。必此妙见，性非自然。我今发明，是因缘生。心犹未明，咨询如来。是义云何，合因缘性。

佛言。汝言因缘。吾复问汝。汝今因见见性现前。此见为复因明有见，因暗有见，因空有见，因塞有见。阿难。若因明有，应不见暗。如因暗有，应不见明。如是乃至因空因塞，同于明暗。复次阿难。此见又复缘明有见，缘暗有见，缘空有见，缘塞有见。阿难。若缘空有，应不见塞。若缘塞有，应不见空。如是乃至缘明缘暗，同于空塞。当知如是精觉妙明，非因非缘，亦非自然，非不自然，无非不非，无是非是，离一切相，即一切法。汝今云何于中措心。以诸世间戏论名相，而得分别。如以手掌撮摩虚空，只益自劳。虚空云何随汝执捉。

阿难白佛言：世尊，必妙觉性，非因非缘。世尊云何常与比丘，宣说见性具四种缘。所谓因空因明，因心因眼，是义云何。佛言：阿难。我说世间诸因缘相，非第一义。阿难。吾复问汝。诸世间人，说我能见。云何名见。云何不见。

阿难言：世人因于日月灯光，见种种相，名之为见。若复无此三种光明，则不能见。

阿难。若无明时，名不见者，应不见暗。若必见暗，此但无明，云何无见。阿难。若在暗时，不见明故，名为不见。今在明时，不见暗相，还名不见。如是二相，俱名不见。若复二相自相陵夺，非汝见性于中暂无。如是则知二俱名见，云何不见。是故阿难。汝今当知，见明之时，见非是明。见暗之时，见非是暗。见空之时，见非是空。见塞之时，见非是塞。四义成就。汝复应知。见见之时，见非是见。见犹离见，见不能及，云何复说因缘自然，及和合相。汝等声闻，狭劣无识，不能通达清净实相。吾今诲汝。当善思惟。无得疲怠妙菩提路。

阿难白佛言：世尊。如佛世尊为我等辈，宣说因缘，及与自然，诸和合相，与不和合，心犹未开。而今更闻见见非见，重增迷闷。伏愿弘慈，施大慧目，开示我等觉心明净。作是语已，悲泪顶礼，承受圣旨。

尔时世尊，怜愍阿难，及诸大众。将欲敷演大陀罗尼．诸三摩提．妙修行路。告阿难言。汝虽强记，但益多闻，于奢摩他微密观照，心犹未了。汝今谛听。吾当为汝分别开示。亦令将来，诸有漏者，获菩提果。阿难。一切众生，轮回世间，由二颠倒分别见妄，当处发生，当业轮转。云何二见，一者，众生别业妄见。二者，众生同分妄见。

云何名为别业妄见。阿难，如世间人，目有赤眚，夜见灯光别有圆影，五色重叠。于意云何。此夜灯明所现圆光，为是灯色，为当见色。阿难。此若灯色，则非眚人何不同见。而此圆影，唯眚之观。若是见色，见已成色，则彼眚人见圆影者，名为何等。复次阿难。若此圆影离灯别有，则合傍观屏帐几筵，有圆影出。离见别有，应非眼瞩，云何眚人目见圆影。是故当知，色实在灯，见病为影。影见俱眚，见眚非病。终不应言是灯是见。于是中有非灯非见。如第二月，非体非影。何以故。第二之观，捏所成故。诸有智者，不应说言，此捏根元，是形非形，离见非见。此亦如是，目眚所成。今欲名谁，是灯是见。何况分别，非灯非见。

云何名为同分妄见。阿难。此阎浮提，除大海水，中间平陆，有三千洲。正中大洲东西括量，大国凡有二千三百。其余小洲在诸海中，其间或有三两百国。或一或二，至于三十四十五十。阿难。若复此中，有一小洲，只有两国。唯一国人，同感恶缘。则彼小洲，当土众生，睹诸一切不祥境界。或见二日，或见两月，其中乃至晕适佩玦，彗孛飞流，负耳虹霓，种种恶相。但此国见，彼国众生，本所不见，亦复不闻。

阿难。吾今为汝。以此二事，进退合明。阿难。如彼众生。别业妄见，瞩灯光中所现圆影，虽现似境，终彼见者，目眚所成。眚即见劳，非色所造。然见眚者，终无见咎。例汝今日，以目观见山河国土。及诸众生，皆是无始见病所成。见与见缘，似现前境。元我觉明见所缘眚。觉见即眚。本觉明心，觉缘非眚。觉所觉眚，觉非眚中，此实见见，云何复名觉闻知见。是故汝今见我及汝，并诸世间十类众生，皆即见眚。非见眚者，彼见真精，性非眚者，故不名见。阿难。如彼众生同分妄见，例彼妄见别业一人。一病目人，同彼一国。彼见圆影，眚妄所生。此众同分所现不祥，同见业中，瘴恶所起。俱是无始见妄所生。例阎浮提三千洲中，兼四大海，娑婆世界，并洎十方诸有漏国，及诸众生。同是觉明无漏妙心，见闻觉知虚妄病缘，和合妄生，和合妄死。若能远离诸和合缘，及不和合，则复灭除诸生死因。圆满菩提，不生灭性。清净本心，本觉常住。

阿难。汝虽先悟本觉妙明，性非因缘，非自然性。而犹未明如是觉元，非和合生，及不和合。阿难。吾今复以前尘问汝。汝今犹以一切世间妄想和合，诸因缘性，而自疑惑，证菩提心和合起者。则汝今者妙净见精。为与明和，为与暗和，为与通和，为与塞和。若明和者，且汝观明，当明现前，何处杂见，见相可辨，杂何形像。若非见者，云何见明。若即见者，云何见见。必见圆满，何处和明。若明圆满，不合见和。见必异明。杂则失彼性明名字。杂失明性，和明非义。彼暗与通，及诸群塞，亦复如是。复次阿难。又汝今者妙净见精，为与明合，为与暗合，为与通合，为与塞合。若明合者，至于暗时，明相已灭，此见即不与诸暗合，云何见暗。若见暗时，不与暗合，与明合者，应非见明。既不见明，云何明合，了明非暗。彼暗与通，及诸群塞，亦复如是。

阿难白佛言：世尊。如我思惟，此妙觉元，与诸缘尘，及心念虑，非和合耶。佛言：汝今又言觉非和合。吾复问汝。此妙见精非和合者，为非明和，为非暗和，为非通和，为非塞和。若非明和，则见与明，必有边畔。汝且谛观，何处是明，何处是见，在见在明，自何为畔。阿难。若明际中必无见者，则不相及，自不知其明相所在，畔云何成。彼暗与通，及诸群塞，亦复如是。又妙见精，非和合者，为非明合，为非暗合，为非通合，为非塞合。若非明合，则见与明，性相乖角。如耳与明，了不相触。见且不知明相所在，云何甄明合非合理。彼暗与通，及诸群塞，亦复如是。

阿难。汝犹未明一切浮尘，诸幻化相，当处出生，随处灭尽。幻妄称相，其性真为妙觉明体。如是乃至五阴六入，从十二处，至十八界，因缘和合，虚妄有生，因缘别离，虚妄名灭。殊不能知生灭去来本如来藏。常住妙明，不动周圆妙真如性。性真常中，求于去来迷悟生死，了无所得。

阿难。云何五阴，本如来藏妙真如性。

阿难。譬如有人，以清净目，观晴明空，唯一晴虚，迥无所有。其人无故，不动目睛，瞪以发劳，则于虚空，别见狂华，复有一切狂乱非相。色阴当知亦复如是。阿难。是诸狂华，非从空来，非从目出。如是阿难。若空来者，既从空来，还从空入。若有出入，即非虚空。空若非空，自不容其华相起灭。如阿难体，不容阿难。若目出者，既从目出，还从目入。即此华性从目出故，当合有见。若有见者，去既华空，旋合见眼。若无见者，出既翳空，旋当翳眼。又见华时，目应无翳。云何晴空，号清明眼。是故当知色阴虚妄，本非因缘，非自然性。

阿难。譬如有人，手足宴安，百骸调适，忽如忘生，性无违顺。

其人无故，以二手掌，于空相摩，于二手中，妄生涩滑冷热诸相。受阴当知亦复如是。阿难。是诸幻触，不从空来，不从掌出。如是阿难。若空来者，既能触掌，何不触身。不应虚空，选择来触。若从掌出，应非待合。又掌出故，合则掌知，离则触入，臂腕骨髓，应亦觉知入时踪迹。必有觉心，知出知入。自有一物身中往来。何待合知，要名为触。是故当知，受阴虚妄，本非因缘，非自然性。

阿难。譬如有人，谈说酢梅，口中水出。思蹋悬崖，足心酸涩。想阴当知，亦复如是。阿难。如是酢说，不从梅生，非从口入。如是阿难。若梅生者，梅合自谈，何待人说。若从口入，自合口闻，何须待耳。若独耳闻，此水何不耳中而出。想蹋悬崖，与说相类。是故当知，想阴虚妄，本非因缘，非自然性。

阿难。譬如瀑流，波浪相续，前际后际，不相踰越。行阴当知，亦复如是。阿难。如是流性，不因空生，不因水有，亦非水性，非离空水。如是阿难。若因空生，则诸十方无尽虚空，成无尽流，世界自然俱受沦溺。若因水有，则此瀑流，性应非水，有所有相，今应现在。若即水性，则澄清时，应非水体。若离空水，空非有外，水外无流。是故当知，行阴虚妄，本非因缘，非自然性。

阿难。譬如有人，取频伽瓶，塞其两孔，满中擎空，千里远行，用饷他国。识阴当知亦复如是。阿难。如是虚空，非彼方来，非此方入，如是阿难。若彼方来，则本瓶中既贮空去，于本瓶地，应少虚空。若此方入，开孔倒瓶，应见空出。是故当知，识阴虚妄，本非因缘，非自然性。

卷三

复次阿难。云何六入，本如来藏妙真如性。阿难。即彼目睛瞪发劳者，兼目与劳，同是菩提瞪发劳相。因于明暗二种妄尘，发见居中，吸此尘象，名为见性。此见离彼明暗二尘，毕竟无体。如是阿难。当知是见，非明暗来，非于根出，不于空生。何以故。若从明来，暗即随灭，应非见暗。若从暗来，明即随灭，应无见明。若从根生，必无明暗。如是见精，本无自性。若于空出，前瞩尘象，归当见根。又空自观，何关汝入。是故当知眼入虚妄。本非因缘，非自然性。

阿难。譬如有人，以两手指，急塞其耳，耳根劳故，头中作声，兼耳与劳，同是菩提瞪发劳相。因于动静二种妄尘，发闻居中，吸此尘象，名听闻性。此闻离彼动静二尘，毕竟无体。如是阿难，当知是闻，非动静来，非于根出，不于空生。何以故。若从静来，动即随灭，应非闻动。若从动来，静即随灭，应无觉静。若从根生，必无动静。如是闻体，本无自性。若于空出，有闻成性，即非虚空。又空自闻，何关汝入。是故当知，耳入虚妄。本非因缘，非自然性。

阿难。譬如有人，急畜其鼻，畜久成劳，则于鼻中，闻有冷触，因触分别，通塞虚实，如是乃至诸香臭气。兼鼻与劳，同是菩提瞪发劳相。因于通塞二种妄尘，发闻居中，吸此尘象，名嗅闻性。此闻离彼通塞二尘，毕竟无体。当知是闻，非通塞来，非于根出，不于空生。何以故。若从通来，塞则闻灭，云何知塞。如因塞有，通则无闻，云何发明香臭等触。若从根生，必无通塞。如是闻机，本无自性。若从空出，是闻自当回嗅汝鼻。空自有闻，何关汝入。是故当知鼻入虚妄。本非因缘，非自然性。

阿难。譬如有人，以舌舐吻，熟舐令劳。其人若病，则有苦味。无病之人，微有甜触。由甜与苦，显此舌根，不动之时，淡性常在。兼舌与劳，同是菩提瞪发劳相。因甜苦淡二种妄尘，发知居中，吸此尘象，名知味性。此知味性，离彼甜苦及淡二尘，毕竟无体。如是阿难。当知如是尝苦淡知，非甜苦来，非因淡有，又非根出，不于空生。何以故。若甜苦来，淡则知灭，云何知淡。若从淡出，甜即知亡，复云何知甜苦二相。若从舌生，必无甜淡及与苦尘。斯知味根，本无自性。若于空出，虚空自味，非汝口知。又空自知，何关汝入。是故当知，舌入虚妄。本非因缘，非自然性。

阿难。譬如有人，以一冷手，触于热手。若冷势多，热者从冷。若热功胜，冷者成热。如是以此合觉之触，显于离知。涉势若成，因于劳触。兼身与劳，同是菩提瞪发劳相。因于离合二种妄尘，发觉居中，吸此尘象。名知觉性。此知觉体，离彼离合违顺二尘，毕竟无体。如是阿难。当知是觉，非离合来，非违顺有，不于根出，又非空生。何以故。若合时来，离当已灭，云何觉离。违顺二相，亦复如是。若从根出，必无离合违顺四相。则汝身知，元无自性。必于空出，空自知觉，何关汝入。是故当知身入虚妄。本非因缘，非自然性。

阿难。譬如有人，劳倦则眠，睡熟便寤，览尘斯忆，失忆为忘，是其颠倒生住异灭，吸习中归，不相踰越，称意知根。兼意与劳，同是菩提瞪发劳相。因于生灭二种妄尘，集知居中，吸撮内尘，见闻逆流，流不及地，名觉知性。此觉知性，离彼寤寐生灭二尘，毕竟无体。如是阿难。当知如是觉知之根，非寤寐来，非生灭有，不于根出，亦非空生。何以故。若从寤来，寐即随灭，将何为寐。必生时有，灭即同无，令谁受灭。若从灭有，生即灭无，谁知生者。若从根出，寤寐二相，随身开合，离斯二体，此觉知者，同于空华，毕竟无性。若从空生，自是空知，何关汝入。是故当知，意入虚妄。本非因缘，非自然性。

复次阿难。云何十二处，本如来藏妙真如性。

阿难。汝且观此只陀树林，及诸泉池。于意云何。此等为是色生眼见，眼生色相。阿难。若复眼根，生色相者。见空非色，色性应销。销则显发一切都无。色相既无，谁明空质。空亦如是。若复色尘，生眼见者。观空非色，见即销亡。亡则都无，谁明空色。是故当知见与色空，俱无处所。即色与见，二处虚妄。本非因缘，非自然性。

阿难。汝更听此祇陀园中，食办击鼓，众集撞钟，钟鼓音声，前后相续。于意云何。此等为是声来耳边，耳往声处。阿难。若复此声，来于耳边，如我乞食室罗筏城。在只陀林，则无有我。此声必来阿难耳处。目连迦叶，应不俱闻。何况其中一千二百五十沙门，一闻钟声。同来食处。若复汝耳，往彼声边。如我归住祇陀林中。在室罗城，则无有我。汝闻鼓声，其耳已往击鼓之处，钟声齐出，应不俱闻。何况其中象马牛羊，种种音响。若无来往，亦复无闻。是故当知听与音声，俱无处所，即听与声，二处虚妄。本非因缘，非自然性。

阿难。汝又嗅此炉中栴檀，此香若复然于一铢，室罗筏城四十里内，同时闻气。于意云何。此香为复生栴檀木，生于汝鼻，为生于空。阿难。若复此香，生于汝鼻，称鼻所生，当从鼻出。鼻非栴檀，云何鼻中有栴檀气。称汝闻香，当于鼻入。鼻中出香，说闻非义。若生于空，空性常恒，香应常在，何藉炉中，蓺此枯木。若生于木，则此香质，因蓺成烟。若鼻得闻，合蒙烟气。其烟腾空，未及遥远，四十里内，云何已闻。是故当知，香鼻与闻，俱无处所。即嗅与香，二处虚妄。本非因缘，非自然性。

阿难。汝常二时，众中持钵，其间或遇酥酪醍醐，名为上味。于意云何。此味为复生于空中，生于舌中，为生食中。阿难。若复此味，生于汝舌，在汝口中，只有一舌，其舌尔时已成酥味，遇黑石蜜，应不推移。若不变移，不名知味。若变移者，舌非多体，云何多味一舌之知。若生于食，食非有识，云何自知。又食自知，即同他食，何预于汝，名味之知。若生于空，汝啖虚空，当作何味。必其虚空若作咸味，既咸汝舌，亦咸汝面，则此界人，同于海鱼。既常受咸，了不知淡。若不识淡，亦不觉咸。必无所知，云何名味。是故当知，味舌与尝，俱无处所。即尝与味，二俱虚妄。本非因缘，非自然性。

阿难。汝常晨朝以手摩头。于意云何。此摩所知，谁为能触，能为在手，为复在头。若在于手，头则无知，云何成触。若在于头，手则无用，云何名触。若各各有，则汝阿难，应有二身。若头与手一触所生，则手与头，当为一体。若一体者，触则无成。若二体者，触谁为在。在能非所，在所非能。不应虚空与汝成触。是故当知，觉触与身，俱无处所。即身与触，二俱虚妄。本非因缘，非自然性。

阿难。汝常意中。所缘善恶无记三性，生成法则。此法为复即心所生，为当离心，别有方所。阿难。若即心者，法则非尘。非心所缘，云何成处。若离于心，别有方所，则法自性，为知非知。知则名心，异汝非尘，同他心量。即汝即心，云何汝心，更二于汝。若非知者，此尘既非色声香味，离合冷暖，及虚空相，当于何在。今于色空，都无表示，不应人间，更有空外。心非所缘，处从谁立。是故当知，法则与心，俱无处所。则意与法，二俱虚妄。本非因缘，非自然性。

复次阿难。云何十八界，本如来藏妙真如性。

阿难。如汝所明，眼色为缘，生于眼识。此识为复因眼所生，以眼为界。因色所生，以色为界。阿难。若因眼生，既无色空，无可分别，纵有汝识，欲将何用。汝见又非青黄赤白，无所表示，从何立界。若因色生，空无色时，汝识应灭，云何识知是虚空性。若色变时，汝亦识其色相迁变，汝识不迁，界从何立。从变则变，界相自无。不变则恒。既从色生，应不识知虚空所在。若兼二种，眼色共生，合则中离，离则两合，体性杂乱，云何成界。是故当知眼色为缘，生眼识界，三处都无。则眼与色，及色界三，本非因缘，非自然性。

阿难。又汝所明，耳声为缘，生于耳识。此识为复因耳所生，以耳为界。因声所生，以声为界。阿难。若因耳生，动静二相，既不现前，根不成知。必无所知，知尚无成，识何形貌。若取耳闻，无动静故，闻无所成。云何耳形，杂色触尘，名为识界。则耳识界，复从谁立。若生于声，识因声有，则不关闻，无闻则亡声相所在。识从声生，许声因闻而有声相，闻应闻识，不闻非界。闻则同声。识已被闻，谁知闻识。若无知者，终如草木。不应声闻杂成中界。界无中位，则内外相，复从何成。是故当知，耳声为缘，生耳识界，三处都无。则耳与声，及声界三，本非因缘，非自然性。

阿难。又汝所明，鼻香为缘，生于鼻识。此识为复因鼻所生，以鼻为界。因香所生，以香为界。阿难。若因鼻生，则汝心中，以何为鼻？为取肉形双爪之相，为取嗅知动摇之性？若取肉形，肉质乃身，身知即触，名身非鼻，名触即尘。鼻尚无名，云何立界。若取嗅知，又汝心中，以何为知。以肉为知，则肉之知，元触非鼻。以空为知，空则自知，肉应非觉。如是则应虚空是汝，汝身非知。今日阿难，应无所在。以香为知，知自属香，何预于汝。若香臭气，必生汝鼻，则彼香臭二种流气，不生伊兰。及栴檀木。二物不来，汝自嗅鼻，为香为臭。臭则非香，香应非臭。若香臭二俱能闻者，则汝一人，应有两鼻。对我问道，有二阿难，谁为汝体。若鼻是一，香臭无二，臭既为香，香复成臭。二性不有，界从谁立。若因香生，识因香有。如眼有见，不能观眼。因香有故，应不知香。知即非生。不知非识。香非知有，香界不成。识不知香，因界则非从香建立。既无中间，不成内外。彼诸闻性，毕竟虚妄。是故当知，鼻香为缘，生鼻识界，三处都无。则鼻与香，及香界三，本非因缘，非自然性。

阿难。又汝所明，舌味为缘，生于舌识。此识为复因舌所生，以舌为界。因味所生，以味为界。阿难。若因舌生，则诸世间甘蔗、乌梅、黄连、石盐、细辛、姜、桂、都无有味。汝自尝舌，为甜为苦。若舌性苦，谁来尝舌。舌不自尝，孰为知觉。舌性非苦，味自不生，云何立界。若因味生，识自为味，同于舌根，应不自尝，云何识知是味非味。又一切味，非一物生。味既多生，识应多体。识体若一，体必味生，咸淡甘辛，和合俱生，诸变异相，同为一味，应无分别。分别既无，则不名识，云何复名舌味识界。不应虚空，生汝心识。舌味和合，即于是中元无自性，云何界生。是故当知，舌味为缘，生舌识界，三处都无。则舌与味，及舌界三，本非因缘，非自然性。

阿难。又汝所明，身触为缘，生于身识。此识为复因身所生，以身为界。因触所生，以触为界。阿难。若因身生，必无合离二觉观缘，身何所识。若因触生，必无汝身，谁有非身知合离者。阿难。物不触知，身知有触。知身即触，知触即身。即触非身，即身非触。身触二相，元无处所。合身即为身自体性。离身即是虚空等相。内外不成，中云何立。中不复立，内外性空。则汝识生，从谁立界。是故当知，身触为缘，生身识界，三处都无。则身与触，及身界三，本非因缘，非自然性。

阿难。又汝所明，意法为缘，生于意识。此识为复因意所生，以意为界，因法所生，以法为界。阿难。若因意生，于汝意中，必有所思，发明汝意。若无前法，意无所生。离缘无形，识将何用。又汝识心，与诸思量，兼了别性，为同为异。同意即意，云何所生。异意不同，应无所识。若无所识，云何意生。若有所识，云何识意。唯同与异，二性无成，界云何立。若因法生，世间诸法，不离五尘。汝观色法，及诸声法，香法味法，及与触法，相状分明，以对五根，非意所摄，汝识决定依于法生。今汝谛观，法法何状。若离色空，动静通塞，合离生灭，越此诸相，终无所得。生则色空诸法等生。灭则色空诸法等灭。所因既无，因生有识，作何形相。相状不有，界云何生。是故当知，意法为缘，生意识界，三处都无。则意与法，及意界三，本非因缘，非自然性。

阿难白佛言：世尊。如来常说和合因缘，一切世间种种变化，皆因四大和合发明。云何如来，因缘自然，二俱排摈。我今不知，斯义所属。惟垂哀愍，开示众生，中道了义，无戏论法。

尔时世尊，告阿难言：汝先厌离声闻缘觉诸小乘法，发心勤求无上菩提。故我今时，为汝开示第一义谛。如何复将世间戏论，妄想因缘，而自缠绕。汝虽多闻，如说药人，真药现前，不能分别。如来说为真可怜愍。汝今谛听，吾当为汝，分别开示。亦令当来修大乘者，通达实相。阿难默然，承佛圣旨。

阿难。如汝所言四大和合，发明世间种种变化。阿难。若彼大性，体非和合，则不能与诸大杂和。犹如虚空，不和诸色。若和合者，同于变化。始终相成，生灭相续。生死死生，生生死死，如旋火轮，未有休息。阿难。如水成冰，冰还成水。汝观地性，粗为大地，细为微尘。至邻虚尘，析彼极微色边际相，七分所成。更析邻虚，即实空性。阿难。若此邻虚，析成虚空，当知虚空，出生色相。汝今问言，由和合故，出生世间诸变化相。汝且观此一邻虚尘，用几虚空，和合而有。不应邻虚，合成邻虚。又邻虚尘，析入空者，用几色相，合成虚空。若色合时，合色非空。若空合时，合空非色。色犹可析，空云何合。汝元不知如来藏中，性色真空，性空真色，清净本然，周遍法界。随众生心，应所知量，循业发现。世间无知，惑为因缘，及自然性。皆是识心，分别计度。但有言说。都无实义。

阿难。火性无我，寄于诸缘。汝观城中未食之家，欲炊爨时，手执阳燧。日前求火。阿难。名和合者，如我与汝，一千二百五十比丘，今为一众。众虽为一，诘其根本，各各有身，皆有所生氏族名字。如舍利弗，婆罗门种。优楼频螺，迦叶波种。乃至阿难，瞿昙种姓。阿难。若此火性，因和合有。彼手执镜，于日求火。此火为从镜中而出，为从艾出，为于日来。阿难。若日来者，自能烧汝手中之艾，来处林木，皆应受焚。若镜中出，自能于镜，出然于艾。镜何不镕。纡汝手执，尚无热相，云何融泮。若生于艾，何藉日镜光明相接，然后火生。汝又谛观，镜因手执，日从天来，艾本地生，火从何方游历于此。日镜相远，非和非合，不应火光，无从自有。汝犹不知如来藏中，性火真空，性空真火，清净本然，周遍法界，随众生心，应所知量。阿难。当知世人，一处执镜，一处火生。遍法界执，满世间起。起遍世间，宁有方所，循业发现。世间无知，惑为因缘，及自然性。皆是识心，分别计度。但有言说，都无实义。

阿难。水性不定，流息无恒。如室罗城，迦毗罗仙，斫迦罗仙，及钵头摩，诃萨多等，诸大幻师，求太阴精，用和幻药。是诸师等，于白月昼，手执方诸，承月中水，此水为复从珠中出，空中自有，为从月来。阿难。若从月来，尚能远方令珠出水，所经林木，皆应吐流。流则何待方诸所出。不流，明水非从月降。若从珠出，则此珠中，常应流水，何待中宵承白月昼。若从空生，空性无边，水当无际，从人洎天，皆同滔溺。云何复有水陆空行。汝更谛观，月从天陟。珠因手持，承珠水盘，本人敷设，水从何方，流注于此。月珠相远，非和非合，不应水精，无从自有。汝尚不知，如来藏中，性水真空，性空真水，清净本然，周遍法界。随众生心，应所知量。一处执珠，一处水出。遍法界执，满法界生。生满世间，宁有方所，循业发现。世间无知，惑为因缘，及自然性。皆是识心，分别计度。但有言说，都无实义。

阿难。风性无体，动静不常。汝常整衣入于大众，僧伽梨角，动及傍人，则有微风拂彼人面。此风为复出袈裟角，发于虚空，生彼人面。阿难。此风若复，出袈裟角，汝乃披风，其衣飞摇，应离汝体。我今说法会中垂衣。汝看我衣，风何所在，不应衣中，有藏风地。若生虚空，汝衣不动，何因无拂。空性常住，风应常生。若无风时，虚空当灭。灭风可见，灭空何状。若有生灭，不名虚空。名为虚空，云何风出。若风自生被拂之面，从彼面生，当应拂汝。自汝整衣，云何倒拂。汝审谛观，整衣在汝，面属彼人，虚空寂然，不参流动，风自谁方鼓动来此。风空性隔，非和非合，不应风性，无从自有。汝宛不知如来藏中，性风真空，性空真风，清净本然，周遍法界。随众生心，应所知量。阿难。如汝一人微动服衣，有微风出。遍法界拂，满国土生。周遍世间，宁有方所，循业发现。世间无知，惑为因缘，及自然性。皆是识心，分别计度。但有言说，都无实义。

阿难。空性无形，因色显发。如室罗城，去河遥处，诸刹利种，及婆罗门，毗舍，首陀，兼颇罗堕，旃陀罗等，新立安居，凿井求水。出土一尺，于中则有一尺虚空。如是乃至出土一丈，中间还得一丈虚空。虚空浅深，随出多少，此空为当因土所出，因凿所有，无因自生。阿难。若复此空，无因自生，未凿土前，何不无碍，唯见大地，迥无通达。若因土出，则土出时，应见空入。若土先出无空入者，云何虚空因土而出。若无出入，则应空土元无异因。无异则同，则土出时，空何不出。若因凿出，则凿出空，应非出土。不因凿出，凿自出土，云何见空。汝更审谛，谛审谛观，凿从人手，随方运转，土因地移，如是虚空，因何所出。凿空虚实，不相为用，非和非合，不应虚空，无从自出。若此虚空，性圆周遍，本不动摇。当知现前地水火风，均名五大。性真圆融，皆如来藏，本无生灭。阿难。汝心昏迷，不悟四大元如来藏。当观虚空，为出为入，为非出入。汝全不知如来藏中，性觉真空，性空真觉，清净本然，周遍法界。随众生心，应所知量。阿难。如一井空，空生一井。十方虚空，亦复如是。圆满十方，宁有方所，循业发现。世间无知，惑为因缘。及自然性。皆是识心，分别计度，但有言说，都无实义。

阿难。见觉无知，因色空有。如汝今者，在祇陀林，朝明夕昏。设居中宵，白月则光，黑月便暗。则明暗等，因见分析。此见为复与明暗相，并太虚空，为同一体？为非一体？或同非同？或异非异？阿难。此见若复，与明与暗，及与虚空，元一体者。则明与暗，二体相亡。暗时无明，明时无暗。若与暗一，明则见亡。必一于明，暗时当灭。灭则云何，见明见暗。若明暗殊，见无生灭，一云何成。若此见精，与暗与明，非一体者。汝离明暗，及与虚空，分析见元，作何形相。离明离暗，及离虚空，是见元同，龟毛兔角。明暗虚空，三事俱异，从何立见。明暗相背，云何或同。离三元无，云何或异。分空分见，本无边畔，云何非同。见暗见明，性非迁改，云何非异。汝更细审微细审详，审谛审观，明从太阳，暗随黑月，通属虚空，壅归大地，如是见精，因何所出。见觉空顽，非和非合，不应见精，无从自出。若见闻知，性圆周遍，本不动摇。当知无边不动虚空，并其动摇地水火风，均名六大。性真圆融，皆如来藏，本无生灭。阿难。汝性沉沦，不悟汝之见闻觉知，本如来藏。汝当观此见闻觉知，为生为灭，为同为异。为非生灭，为非同异。汝曾不知如来藏中，性见觉明，觉精明见，清净本然，周遍法界。随众生心，应所知量。如一见根，见周法界。听嗅尝触，觉触觉知，妙德莹然，遍周法界。圆满十虚。宁有方所，循业发现。世间无知，惑为因缘，及自然性。皆是识心，分别计度。但有言说，都无实义。

　　阿难。识性无源，因于六种根尘妄出。汝今遍观此会圣众，用目循历。其目周视，但如镜中，无别分析。汝识于中次第标指，此是文殊，此富楼那，此目犍连，此须菩提，此舍利弗，此识了知，为生于见，为生于相，为生虚空，为无所因，突然而出。阿难。若汝识性，生于见中，如无明暗及与色空，四种必无，元无汝见，见性尚无，从何发识。若汝识性，生于相中，不从见生，既不见明，亦不见暗，明暗不瞩，即无色空，彼相尚无，识从何发。若生于空，非相非见。非见无辨，自不能知，明暗色空。非相灭缘，见闻觉知，无处安立。处此二非，空则同无，有非同物。纵发汝识，欲何分别。若无所因，突然而出，何不日中，别识明月。汝更细详，微细详审，见托汝睛，相推前境，可状成有，不相成无，如是识缘，因何所出。识动见澄，非和非合。闻听觉知，亦复如是，不应识缘，无从自出。若此识心，本无所从。当知了别见闻觉知，圆满湛然，性非从所。兼彼虚空地水火风，均名七大。性真圆融，皆如来藏，本无生灭。阿难。汝心粗浮，不悟见闻，发明了知，本如来藏。汝应观此六处识心，为同为异，为空为有，为非同异，为非空有。汝元不知，如来藏中，性识明知，觉明真识，妙觉湛然，遍周法界。含吐十虚，宁有方所，循业发现。世间无知，惑为因缘，及自然性，皆是识心，分别计度，但有言说，都无实义。

　　尔时阿难，及诸大众，蒙佛如来，微妙开示，身心荡然，得无挂碍。是诸大众，各各自知，心遍十方。见十方空，如观手中所持叶物。一切世间诸所有物，皆即菩提妙明元心。心精遍圆，含裹十方。反观父母，所生之身，犹彼十方，虚空之中，吹一微尘，若存若亡。如湛巨海，流一浮沤，起灭无从。了然自知，获本妙心，常住不灭。礼佛合掌，得未曾有。于如来前，说偈赞佛。

　　妙湛总持不动尊。首楞严王世希有。销我亿劫颠倒想。不历僧祇获法身。

愿今得果成宝王。还度如是恒沙众。将此深心奉尘刹。是则名为报佛恩。

伏请世尊为证明。五浊恶世誓先入。如一众生未成佛。终不于此取泥洹。

大雄大力大慈悲。希更审除微细惑。令我早登无上觉。于十方界坐道场。

舜若多性可销亡。烁迦罗心无动转。

卷四

尔时富楼那弥多罗尼子，在大众中，即从座起。偏袒右肩，右膝著地，合掌恭敬而白佛言：大威德世尊。善为众生敷演如来第一义谛。世尊常推说法人中，我为第一。今闻如来微妙法音，犹如聋人，逾百步外，聆于蚊蚋，本所不见，何况得闻。佛虽宣明，令我除惑，今犹未详斯义究竟无疑惑地。世尊。如阿难辈，虽则开悟，习漏未除。我等会中登无漏者，虽尽诸漏，今闻如来所说法音，尚纡疑悔。世尊。若复世间一切根尘阴处界等，皆如来藏清净本然。云何忽生山河大地诸有为相。次第迁流，终而复始。又如来说，地水火风，本性圆融，周遍法界，湛然常住。世尊。若地性遍，云何容水。水性周遍，火则不生。复云何明水火二性俱遍虚空，不相陵灭。世尊。地性障碍，空性虚通，云何二俱周遍法界。而我不知是义攸往。惟愿如来，宣流大慈，开我迷云，及诸大众。作是语已，五体投地，钦渴如来无上慈诲。

尔时世尊告富楼那，及诸会中漏尽无学诸阿罗汉。如来今日普为此会，宣胜义中真胜义性。令汝会中定性声闻，及诸一切.未得二空.回向上乘.阿罗汉等，皆获一乘寂灭场地，真阿练若，正修行处。汝今谛听。当为汝说，富楼那等，钦佛法音，默然承听。

佛言。富楼那。如汝所言，清净本然，云何忽生山河大地。汝常不闻如来宣说，性觉妙明，本觉明妙。富楼那言。唯然，世尊。我常闻佛宣说斯义。佛言。汝称觉明。为复性明，称名为觉。为觉不明，称为明觉。富楼那言。若此不明，名为觉者，则无所明。佛言。若无所明，则无明觉。有所非觉，无所非明。无明又非觉湛明性。性觉必明，妄为明觉。觉非所明。因明立所。所既妄立，生汝妄能。无同异中，炽然成异。异彼所异，因异立同。同异发明，因此复立无同无异。如是扰乱，相待生劳。劳久发尘，自相浑浊。由是引起尘劳烦恼。起为世界。静成虚空。虚空为同。世界为异。彼无同异，真有为法。

觉明空昧，相待成摇，故有风轮执持世界。因空生摇，坚明立碍，彼金宝者，明觉立坚，故有金轮保持国土。坚觉宝成，摇明风出，风金相摩，故有火光为变化性。宝明生润，火光上蒸，故有水轮含十方界。火腾水降，交发立坚，湿为巨海，干为洲潬。以是义故，彼大海中火光常起，彼洲潬中江河常注。水势劣火，结为高山。是故山石，击则成焰，融则成水。土势劣水，抽为草木，是故林薮遇烧成土，因绞成水。交妄发生，递相为种。以是因缘，世界相续。

　　复次富楼那。明妄非他，觉明为咎。所妄既立，明理不踰。以是因缘，听不出声，见不超色。色香味触，六妄成就。由是分开见觉闻知。同业相缠，合离成化。见明色发，明见想成。异见成憎，同想成爱。流爱为种，纳想为胎。交遘发生，吸引同业。故有因缘生羯罗蓝遏蒲昙等。胎卵湿化，随其所应。卵唯想生。胎因情有。湿以合感。化以离应。情想合离，更相变易。所有受业，逐其飞沈。以是因缘，众生相续。

　　富楼那。想爱同结，爱不能离，则诸世间父母子孙，相生不断，是等则以欲贪为本。贪爱同滋，贪不能止，则诸世间卵化湿胎，随力强弱，递相吞食，是等则以杀贪为本。以人食羊，羊死为人，人死为羊，如是乃至十生之类，死死生生，互来相啖，恶业俱生，穷未来际，是等则以盗贪为本。汝负我命，我还汝债，以是因缘，经百千劫，常在生死。汝爱我心，我怜汝色，以是因缘，经百千劫，常在缠缚。唯杀盗淫三为根本。以是因缘，业果相续。

　　富楼那。如是三种颠倒相续。皆是觉明，明了知性，因了发相，从妄见生。山河大地诸有为相。次第迁流。因此虚妄，终而复始。

　　富楼那言：若此妙觉本妙觉明，与如来心不增不减。无状忽生山河大地诸有为相。如来今得妙空明觉，山河大地有为习漏何当复生。佛告富楼那。譬如迷人，于一聚落，惑南为北，此迷为复因迷而有，因悟而出。富楼那言：如是迷人，亦不因迷，又不因悟。何以故。迷本无根，云何因迷。悟非生迷，云何因悟。佛言：彼之迷人，正在迷时。倏有悟人指示令悟。富楼那。于意云何。此人纵迷，于此聚落，更生迷不。不也世尊。富楼那。十方如来亦复如是。此迷无本，性毕竟空。昔本无迷，似有迷觉。觉迷迷灭，觉不生迷。亦如翳人见空中华，翳病若除，华于空灭。忽有愚人，于彼空华所灭空地，待华更生。汝观是人为愚为慧。富楼那言：空元无华，妄见生灭。见华灭空，已是颠倒，敕令更出，斯实狂痴。云何更名如是狂人为愚为慧。佛言：如汝所解，云何问言诸佛如来妙觉明空，何当更出山河大地。又如金矿杂于精金。其金一纯，更不成杂。如木成灰，不重为木。诸佛如来菩提涅槃，亦复如是。

　　富楼那。又汝问言：地水火风，本性圆融，周遍法界。疑水火性不相陵灭。又征虚空及诸大地，俱遍法界，不合相容。富楼那。譬如虚空，体非群相，而不拒彼诸相发挥。所以者何。富楼那。彼太虚空，日照则明，云屯则暗，风摇则动，霁澄则清，气凝则浊，土积成霾，水澄成映。于意云何。如是殊方诸有为相，为因彼生，为复空有。若彼所生。富楼那。且日照时，既是日明，十方世界同为日色，云何空中更见圆日。若是空明，空应自照。云何中宵云雾之时，不生光耀。当知是明，非日非空，不异空日。观相元妄，无可指陈。犹邀空华，结为空果。云何诘其相陵灭义。观性元真，唯妙觉明。妙觉明心，先非水火。云何复问不相容者。

真妙觉明亦复如是。汝以空明，则有空现。地水火风，各各发明，则各各现。若俱发明，则有俱现。云何俱现。富楼那。如一水中现于日影。两人同观水中之日，东西各行，则各有日随二人去。一东一西，先无准的。不应难言，此日是一，云何各行。各日既双，云何现一。宛转虚妄，无可凭据。富楼那。汝以色空相倾相夺于如来藏。而如来藏随为色空。周遍法界。是故于中，风动空澄，日明云暗。众生迷闷，背觉合尘，故发尘劳，有世间相。我以妙明不灭不生合如来藏。而如来藏唯妙觉明圆照法界。是故于中，一为无量，无量为一。小中现大，大中现小。不动道场，遍十方界。身含十方无尽虚空。于一毛端现宝王刹。坐微尘里转大法轮。灭尘合觉，故发真如妙觉明性。而如来藏本妙圆心。非心非空。非地非水。非风非火。非眼非耳鼻舌身意。非色非声香味触法。非眼识界，如是乃至非意识界。非明无明，明无明尽。如是乃至非老非死，非老死尽。非苦非集非灭非道。非智非得。非檀那，非尸罗，非毗梨耶，非羼提，非禅那，非般刺若，非波罗密多。如是乃至非怛闼阿竭，非阿罗诃，三耶三菩。非大涅槃。非常非乐非我非净。以是俱非世出世故。即如来藏元明心妙。即心即空。即地即水。即风即火。即眼即耳鼻舌身意。即色即声香味触法。即眼识界，如是乃至即意识界。即明无明，明无明尽。如是乃至即老即死，即老死尽。即苦即集即灭即道。即智即得。即檀那，即尸罗，即毗梨耶，即羼提，即禅那，即般刺若，即波罗密多。如是乃至即怛闼阿竭，即阿罗诃，三耶三菩。即大涅槃。即常即乐即我即净。以是俱即世出世故。即如来藏妙明心元，离即离非，是即非即。如何世间三有众生，及出世间声闻缘觉，以所知心测度如来无上菩提，用世语言入佛知见。譬如琴瑟箜篌琵琶，虽有妙音，若无妙指，终不能发。汝与众生，亦复如是。宝觉真心，各各圆满。如我按指，海印发光。汝暂举心，尘劳先起。由不勤求无上觉道，爱念小乘，得少为足。

富楼那言：我与如来宝觉圆明，真妙净心，无二圆满。而我昔遭无始妄想，久在轮回。今得圣乘，犹未究竟。世尊，诸妄一切圆灭，独妙真常。敢问如来，一切众生何因有妄，自蔽妙明，受此沦溺。

佛告富楼那。汝虽除疑，余惑未尽。吾以世间现前诸事，今复问汝。汝岂不闻室罗城中，演若达多。忽于晨朝以镜照面，爱镜中头眉目可见。嗔责己头不见面目。以为魑魅。无状狂走。于意云何。此人何因无故狂走。富楼那言：是人心狂，更无他故。佛言：妙觉明圆，本圆明妙。既称为妄云何有因。若有所因，云何名妄。自诸妄想展转相因。从迷积迷以历尘劫。虽佛发明，犹不能返。如是迷因，因迷自有。识迷无因，妄无所依。尚无有生，欲何为灭。得菩提者，如寤时人说梦中事。心纵精明，欲何因缘取梦中物。况复无因本无所有。如彼城中演若达多，岂有因缘自怖头走。忽然狂歇，头非外得。纵未歇狂，亦何遗失。

富楼那。妄性如是，因何为在。汝但不随分别世间业果众生三种相续。三缘断故，三因不生。则汝心中.演若达多.狂性自歇，歇即菩提。胜净明心，本周法界。不从人得。何藉劬劳肯綮修证。譬如有人于自衣中系如意珠，不自觉知。穷露他方，乞食驰走。虽实贫穷，珠不曾失。忽有智者指示其珠。所愿从心，致大饶富。方悟神珠非从外得。

即时阿难在大众中，顶礼佛足，起立白佛。世尊现说杀盗淫业，三缘断故，三因不生。心中达多狂性自歇。歇即菩提，不从人得。斯则因缘皎然明白。云何如来顿弃因缘。我从因缘心得开悟。世尊。此义何独我等年少有学声闻。今此会中.大目犍连.及舍利弗.须菩提等，从老梵志闻佛因缘，发心开悟，得成无漏。今说菩提，不从因缘。则王舍城拘舍梨等，所说自然，成第一义。惟垂大悲，开发迷闷。

佛告阿难。即如城中演若达多，狂性因缘，若得灭除。则不狂性自然而出。因缘自然，理穷于是。阿难。演若达多，头本自然。本自其然，无然非自。何因缘故，怖头狂走。若自然头，因缘故狂。何不自然，因缘故失。本头不失，狂怖妄出。曾无变易，何藉因缘。本狂自然，本有狂怖。未狂之际，狂何所潜。不狂自然，头本无妄，何为狂走。若悟本头，识知狂走，因缘自然，俱为戏论。是故我言三缘断故即菩提心。菩提心生，生灭心灭，此但生灭。灭生俱尽，无功用道。若有自然，如是则明，自然心生，生灭心灭，此亦生灭。无生灭者，名为自然。犹如世间诸相杂和，成一体者，名和合性。非和合者，称本然性。本然非然。和合非合。合然俱离。离合俱非。此句方名无戏论法。菩提涅槃尚在遥远。非汝历劫辛勤修证。虽复忆持十方如来十二部经，清净妙理如恒河沙，只益戏论。汝虽谈说因缘自然决定明了。人间称汝多闻第一。以此积劫多闻熏习，不能免离摩登伽难。何须待我佛顶神咒，摩登伽心淫火顿歇，得阿那含，于我法中，成精进林。爱河干枯，令汝解脱。是故阿难。汝虽历劫忆持如来秘密妙严，不如一日修无漏业，远离世间憎爱二苦。如摩登伽宿为淫女，由神咒力销其爱欲，法中今名性比丘尼。与罗侯母.耶输陀罗.同悟宿因。知历世因贪爱为苦。一念熏修无漏善故，或得出缠，或蒙授记。如何自欺，尚留观听。

阿难及诸大众，闻佛示诲，疑惑销除，心悟实相。身意轻安，得未曾有。重复悲泪，顶礼佛足，长跪合掌而白佛言：无上大悲清净宝王，善开我心。能以如是种种因缘，方便提奖，引诸沉冥出于苦海。世尊。我今虽承如是法音，知如来藏.妙觉明心.遍十方界，含育如来十方国土，清净宝严妙觉王刹。如来复责多闻无功，不逮修习。我今犹如旅泊之人，忽蒙天王赐与华屋，虽获大宅，要因门入。惟愿如来不舍大悲，示我在会诸蒙暗者，捐舍小乘，毕获如来无余涅槃本发心路。令有学者，从何摄伏畴昔攀缘，得陀罗尼，入佛知见。作是语已，五体投地。在会一心，伫佛慈旨。

尔时世尊，哀愍会中缘觉声闻，于菩提心未自在者。及为当来佛灭度后，末法众生发菩提心，开无上乘妙修行路。宣示阿难及诸大众。汝等决定发菩提心，于佛如来妙三摩提，不生疲倦。应当先明发觉初心二决定义。

云何初心二义决定。

阿难。第一义者，汝等若欲捐舍声闻，修菩萨乘入佛知见，应当审观因地发心，与果地觉为同为异。阿难。若于因地以生灭心为本修因，而求佛乘不生不灭，无有是处。以是义故，汝当照明.诸器世间.可作之法，皆从变灭。阿难。汝观世间可作之法，谁为不坏。然终不闻烂坏虚空。何以故。空非可作，由是始终无坏灭故。则汝身中，坚相为地，润湿为水，暖触为火，动摇为风。由此四缠，分汝湛圆妙觉明心，为视为听为觉为察。从始入终，五叠浑浊。

云何为浊。

阿难。譬如清水，清洁本然。即彼尘土灰沙之伦，本质留碍。二体法尔，性不相循。有世间人，取彼土尘，投于净水。土失留碍，水亡清洁。容貌汨然，名之为浊。汝浊五重，亦复如是。

阿难。汝见虚空遍十方界。空见不分。有空无体。有见无觉。相织妄成。是第一重，名为劫浊。

汝身现抟四大为体。见闻觉知，壅令留碍。水火风土，旋令觉知。相织妄成。是第二重，名为见浊。

又汝心中忆识诵习。性发知见。容现六尘。离尘无相。离觉无性。相织妄成。是第三重，名烦恼浊。

又汝朝夕生灭不停。知见每欲留于世间。业运每常迁于国土。相织妄成，是第四重，名众生浊。

汝等见闻元无异性。众尘隔越，无状异生。性中相知。用中相背。同异失准。相织妄成。是第五重，名为命浊。

阿难。汝今欲令见闻觉知，远契如来常乐我净。应当先择死生根本，依不生灭圆湛性成，以湛旋其虚妄灭生，伏还元觉，得元明觉无生灭性为因地心，然后圆成果地修证。如澄浊水，贮于静器，静深不动，沙土自沈，清水现前，名为初伏客尘烦恼。去泥纯水，名为永断根本无明。明相精纯，一切变现，不为烦恼，皆合涅槃清净妙德。

第二义者，汝等必欲发菩提心，于菩萨乘生大勇猛，决定弃捐诸有为相，应当审详烦恼根本。此无始来发业润生谁作谁受。

阿难。汝修菩提，若不审观烦恼根本，则不能知虚妄根尘何处颠倒。处尚不知，云何降伏取如来位。阿难。汝观世间解结之人，不见所结，云何知解。不闻虚空被汝隳裂。何以故。空无形相，无结解故。则汝现前眼耳鼻舌，及与身心，六为贼媒，自劫家宝。由此无始众生世界，生缠缚故，于器世间不能超越。

阿难。云何名为众生世界。世为迁流。界为方位。汝今当知东、西、南、北、东南、西南、东北、西北、上、下，为界。过去、未来、现在，为世。方位有十。流数有三。一切众生织妄相成。身中贸迁，世界相涉。而此界性设虽十方，定位可明。世间只目东西南北，上下无位，中无定方，四数必明。与世相涉，三四四三，宛转十二。流变三叠，一十百千。总括始终。六根之中，各各功德有千二百。

阿难。汝复于中，克定优劣。如眼观见，后暗前明。前方全明。后方全暗。左右旁观三分之二。统论所作，功德不全。三分言功。一分无德。当知眼唯八百功德。如耳周听，十方无遗。动若迩遥。静无边际。当知耳根圆满一千二百功德。如鼻嗅闻，通出入息。有出有入，而阙中交。验于鼻根，三分阙一。当知鼻唯八百功德。如舌宣扬，尽诸世间出世间智。言有方分，理无穷尽。当知舌根圆满一千二百功德。如身觉触，识于违顺。合时能觉。离中不知。离一合双。验于身根，三分阙一。当知身唯八百功德。如意默容，十方三世一切世间出世间法，唯圣与凡，无不包容，尽其涯际。当知意根圆满一千二百功德。

阿难。汝今欲逆生死欲流，返穷流根，至不生灭。当验此等六受用根，谁合谁离，谁深谁浅，谁为圆通，谁不圆满。若能于此悟圆通根，逆彼无始织妄业流，得循圆通，与不圆根，日劫相倍。我今备显六湛圆明，本所功德，数量如是。随汝详择其可入者。吾当发明，令汝增进。十方如来，于十八界一一修行，皆得圆满无上菩提。于其中间，亦无优劣。但汝下劣，未能于中圆自在慧。故我宣扬，令汝但于一门深入。入一无妄，彼六知根，一时清净。

阿难白佛言：世尊。云何逆流深入一门，能令六根一时清净。

佛告阿难。汝今已得须陀洹果。已灭三界众生世间见所断惑。然犹未知根中积生无始虚习。彼习要因修所断得。何况此中生住异灭，分剂头数。今汝且观现前六根，为一为六。阿难。若言一者，耳何不见，目何不闻，头奚不履，足奚无语。若此六根决定成六。如我今会，与汝宣扬微妙法门。汝之六根，谁来领受。

阿难言。我用耳闻。

佛言：汝耳自闻，何关身口。口来问义，身起钦承。是故应知非一终六，非六终一。终不汝根元一元六。阿难当知。是根非一非六。由无始来颠倒沦替，故于圆湛一六义生。汝须陀洹，虽得六销，犹未亡一。如太虚空参合群器。由器形异，名之异空。除器观空，说空为一。彼太虚空，云何为汝成同不同。何况更名是一非一。则汝了知六受用根，亦复如是。

由明暗等二种相形。于妙圆中黏湛发见。见精映色，结色成根。根元目为清净四大。因名眼体，如蒲萄朵。浮根四尘，流逸奔色。

由动静等二种相击。于妙圆中黏湛发听。听精映声，卷声成根。根元目为清净四大。因名耳体，如新卷叶。浮根四尘，流逸奔声。

由通塞等二种相发。于妙圆中黏湛发嗅。嗅精映香，纳香成根。根元目为清净四大。因名鼻体，如双垂爪。浮根四尘，流逸奔香。

由恬变等二种相参。于妙圆中黏湛发尝。尝精映味。绞味成根。根元目为清净四大。因名舌体，如初偃月。浮根四尘，流逸奔味。

由离合等二种相摩。于妙圆中黏湛发觉。觉精映触，抟触成根。根元目为清净四大。因名身体，如腰鼓颡。浮根四尘，流逸奔触。

由生灭等二种相续。于妙圆中黏湛发知。知精映法，揽法成根。根元目为清净四大。因名意思，如幽室见。浮根四尘，流逸奔法。

阿难。如是六根，由彼觉明，有明明觉，失彼精了，黏妄发光。是以汝今离暗离明，无有见体。离动离静，元无听质。无通无塞，嗅性不生。非变非恬，尝无所出。不离不合，觉触本无。无灭无生，了知安寄。汝但不循动静、合离、恬变、通塞、生灭、明暗，如是十二诸有为相。随拔一根，脱黏内伏。伏归元真，发本明耀。耀性发明，诸余五黏，应拔圆脱。不由前尘所起知见。明不循根，寄根明发。由是六根互相为用。

阿难。汝岂不知今此会中，阿那律陀，无目而见。跋难陀龙，无耳而听。殑伽神女，非鼻闻香。骄梵钵提，异舌知味。舜若多神，无身觉触。如来光中，映令暂现。既为风质其体元无。诸灭尽定得寂声闻。如此会中摩诃迦叶，久灭意根，圆明了知不因心念。

阿难。今汝诸根若圆拔已，内莹发光。如是浮尘及器世间诸变化相，如汤销冰，应念化成无上知觉。

阿难。如彼世人聚见于眼。若令急合，暗相现前，六根黯然，头足相类。彼人以手循体外绕，彼虽不见，头足一辨，知觉是同。缘见因明，暗成无见。不明自发，则诸暗相永不能昏。根尘既销，云何觉明不成圆妙。

阿难白佛言：世尊。如佛说言，因地觉心，欲求常住，要与果位名目相应。世尊。如果位中，菩提、涅槃、真如、佛性、庵摩罗识、空如来藏、大圆镜智，是七种名，称谓虽别，清净圆满，体性坚凝，如金刚王，常住不坏。若此见听，离于明暗动静通塞，毕竟无体。犹如念心，离于前尘，本无所有。云何将此毕竟断灭以为修因，欲获如来七常住果。世尊。若离明暗，见毕竟空。如无前尘，念自性灭。进退循环，微细推求，本无我心及我心所，将谁立因，求无上觉。如来先说，湛精圆常。违越诚言，终成戏论。云何如来真实语者。惟垂大慈，开我蒙恡。

佛告阿难。汝学多闻，未尽诸漏，心中徒知颠倒所因。真倒现前，实未能识。恐汝诚心犹未信伏。吾今试将尘俗诸事，当除汝疑。即时如来敕罗侯罗击钟一声。问阿难言。汝今闻不。阿难大众，俱言我闻。钟歇无声。佛又问言。汝今闻不。阿难大众，俱言不闻。时罗侯罗又击一声。佛又问言。汝今闻不。阿难大众，又言俱闻。佛问阿难。汝云何闻，云何不闻。阿难大众俱白佛言：钟声若击，则我得闻。击久声销，音响双绝，则名无闻。如来又敕罗侯击钟。问阿难言。尔今声不。阿难大众，俱言有声。少选声销。佛又问言。尔今声不。阿难大众，答言无声。有顷罗侯更来撞钟。佛又问言。尔今声不。阿难大众，俱言有声。佛问阿难。汝云何声，云何无声。阿难大众俱白佛言：钟声若击，则名有声。击久声销，音响双绝，则名无声。

佛语阿难及诸大众。汝今云何自语矫乱。大众阿难，俱时问佛。我今云何名为矫乱。佛言：我问汝闻。汝则言闻。又问汝声，汝则言声。唯闻与声，报答无定。如是云何不名矫乱。阿难。声销无响，汝说无闻。若实无闻，闻性已灭，同于枯木。钟声更击，汝云何知。知有知无，自是声尘或无或有。岂彼闻性为汝有无。闻实云无，谁知无者。是故阿难。声于闻中自有生灭。非为汝闻声生声灭，令汝闻性为有为无。汝尚颠倒，惑声为闻。何怪昏迷，以常为断。终不应言，离诸动静闭塞开通，说闻无性。

如重睡人，眠熟床枕。其家有人，于彼睡时，捣练舂米。其人梦中闻舂捣声，别作他物。或为击鼓。或为撞钟。即于梦时自怪其钟为木石响。于时忽寤，遄知杵音。自告家人，我正梦时，惑此舂音将为鼓响。

阿难。是人梦中，岂忆静摇开闭通塞。其形虽寐，闻性不昏。纵汝形销，命光迁谢，此性云何为汝销灭。以诸众生从无始来，循诸色声，逐念流转。曾不开悟性净妙常。不循所常，逐诸生灭。由是生生杂染流转。若弃生灭，守于真常，常光现前，根尘识心应时销落。想相为尘，识情为垢，二俱远离。则汝法眼应时清明。云何不成无上知觉。

卷五

阿难白佛言。世尊。如来虽说第二义门。今观世间解结之人，若不知其所结之元，我信是人终不能解。世尊。我及会中有学声闻，亦复如是。从无始际与诸无明，俱灭俱生。虽得如是多闻善根，名为出家，犹隔日疟。惟愿大慈，哀愍沦溺。今日身心，云何是结，从何名解。亦令未来苦难众生，得免轮回，不落三有。作是语已，普及大众五体投地。雨泪翘诚，伫佛如来无上开示。

尔时世尊怜愍阿难，及诸会中诸有学者。亦为未来一切众生，为出世因作将来眼。以阎浮檀紫金光手，摩阿难顶。即时十方普佛世界，六种震动。微尘如来住世界者，各有宝光从其顶出。其光同时于彼世界，来祇陀林，灌如来顶。是诸大众，得未曾有。于是阿难及诸大众，俱闻十方微尘如来，异口同音，告阿难言：善哉阿难。汝欲识知俱生无明，使汝轮转生死结根，唯汝六根，更无他物。汝复欲知无上菩提，令汝速证安乐解脱.寂静妙常，亦汝六根，更非他物。

阿难虽闻如是法音，心犹未明。稽首白佛。云何令我生死轮回，安乐妙常，同是六根，更非他物。

佛告阿难。根尘同源。缚脱无二。识性虚妄，犹如空华。阿难。由尘发知。因根有相。相见无性，同于交芦。是故汝今。知见立知，即无明本。知见无见，斯即涅槃无漏真净。云何是中更容他物。尔时世尊，欲重宣此义，而说偈言。

真性有为空	缘生故如幻	无为无起灭	不实如空华
言妄显诸真	妄真同二妄	犹非真非真	云何见所见
中间无实性	是故若交芦	结解同所因	圣凡无二路
汝观交中性	空有二俱非	迷晦即无明	发明便解脱
解结因次第	六解一亦亡	根选择圆通	入流成正觉
陀那微细识	习气成暴流	真非真恐迷	我常不开演
自心取自心	非幻成幻法	不取无非幻	非幻尚不生
幻法云何立	是名妙莲华	金刚王宝觉	如幻三摩提
弹指超无学	此阿毗达磨	十方薄伽梵	一路涅槃门

于是阿难及诸大众，闻佛如来无上慈诲，祇夜伽陀，杂糅精莹，妙理清彻，心目开明，叹未曾有。

阿难合掌顶礼白佛。我今闻佛无遮大悲，性净妙常真实法句。心犹未达六解一亡，舒结伦次。惟垂大慈，再愍斯会及与将来，施以法音，洗涤沈垢。

即时如来于师子座，整涅槃僧，敛僧伽梨，揽七宝几。引手于几，取劫波罗天所奉华巾。于大众前绾成一结。示阿难言：此名何等。阿难大众俱白佛言：此名为结。于是如来绾叠华巾，又成一结。重问阿难。此名何等。阿难大众，又白佛言：此亦名结。如是伦次绾叠华巾，总成六结。一一结成，皆取手中所成之结，持问阿难，此名何等。阿难大众，亦复如是次第詶佛，此名为结。佛告阿难。我初绾巾，汝名为结。此叠华巾，先实一条。第二第三，云何汝曹复名为结。阿难白佛言：世尊。此宝叠华缉绩成巾，虽本一体。如我思惟，如来一绾，得一结名。若百绾成，终名百结。何况此巾只有六结。终不至七，亦不停五。云何如来只许初时。第二第三不名为结。佛告阿难。此宝华巾，汝知此巾元止一条。我六绾时，名有六结。汝审观察，巾体是同，因结有异。于意云何。初绾结成，名为第一。如是乃至第六结生。吾今欲将第六结名，成第一不。不也，世尊。六结若存，斯第六名，终非第一。纵我历生尽其明辩，如何令是六结乱名。佛言：如是，六结不同。循顾本因，一巾所造。令其杂乱，终不得成。则汝六根，亦复如是。毕竟同中，生毕竟异。佛告阿难。汝必嫌此六结不成，愿乐一成，复云何得。阿难言：此结若存，是非锋起。于中自生此结非彼，彼结非此。如来今日若总解除。结若不生，则无彼此。尚不名一，六云何成。佛言：六解一亡，亦复如是。由汝无始心性狂乱，知见妄发。发妄不息，劳见发尘。如劳目睛，则有狂华。于湛精明，无因乱起。一切世间．山河大地．生死涅槃，皆即狂劳．颠倒华相。

阿难言：此劳同结，云何解除。

如来以手将所结巾偏掣其左。问阿难言：如是解不。不也，世尊。旋复以手偏牵右边。又问阿难，如是解不。不也，世尊。佛告阿难。吾今以手左右各牵，竟不能解。汝设方便，云何解成。阿难白佛言：世尊。当于结心解即分散。佛告阿难。如是如是。若欲除结，当于结心。阿难。我说佛法从因缘生。非取世间和合粗相。如来发明世出世法，知其本因随所缘出。如是乃至恒沙界外一滴之雨，亦知头数。现前种种，松直棘曲，鹄白乌玄，皆了元由。是故阿难。随汝心中选择六根。根结若除，尘相自灭。诸妄销亡，不真何待。阿难。吾今问汝，此劫波罗巾六结现前，同时解萦，得同除不。不也，世尊。是结本以次第绾生。今日当须次第而解。六结同体，结不同时。则结解时，云何同除。佛言：六根解除，亦复如是。此根初解，先得人空。空性圆明，成法解脱。解脱法已，俱空不生。是名菩萨从三摩地，得无生忍。

阿难及诸大众，蒙佛开示，慧觉圆通，得无疑惑。一时合掌，顶礼双足，而白佛言：我等今日身心皎然，快得无碍。虽复悟知一六亡义。然犹未达圆通本根。世尊。我辈飘零，积劫孤露。何心何虑，预佛天伦。如失乳儿，忽遇慈母。若复因此际会道成。所得密言，还同本悟。则与未闻无有差别。惟垂大悲，惠我秘严。成就如来最后开示。作是语已。五体投地。退藏密机，冀佛冥授。

尔时世尊，普告众中诸大菩萨，及诸漏尽大阿罗汉。汝等菩萨及阿罗汉，生我法中，得成无学。吾今问汝，最初发心，悟十八界，谁为圆通，从何方便入三摩地。

憍陈那五比丘，即从座起，顶礼佛足，而白佛言：我在鹿苑，及于鸡园，观见如来最初成道。于佛音声，悟明四谛。佛问比丘，我初称解。如来印我名阿若多。妙音密圆。我于音声得阿罗汉。佛问圆通，如我所证，音声为上。

优波尼沙陀，即从座起，顶礼佛足，而白佛言：我亦观佛最初成道。观不净相，生大厌离。悟诸色性。以从不净白骨微尘，归于虚空。空色二无，成无学道。如来印我名尼沙陀。尘色既尽，妙色密圆。我从色相，得阿罗汉。佛问圆通，如我所证，色因为上。

香严童子，即从座起，顶礼佛足，而白佛言：我闻如来教我谛观诸有为相。我时辞佛，宴晦清斋。见诸比丘烧沉水香，香气寂然来入鼻中。我观此气，非木非空，非烟非火，去无所著，来无所从，由是意销，发明无漏。如来印我得香严号。尘气倏灭，妙香密圆。我从香严，得阿罗汉。佛问圆通，如我所证，香严为上。

药王药上二法王子，并在会中五百梵天，即从座起，顶礼佛足而白佛言：我无始劫，为世良医，口中尝此娑婆世界草木金石，名数凡有十万八千。如是悉知.苦酢咸淡.甘辛等味。并诸和合俱生变异，是冷是热，有毒无毒，悉能遍知。承事如来，了知味性，非空非有，非即身心，非离身心。分别味因，从是开悟。蒙佛如来印我昆季，药王药上二菩萨名。今于会中为法王子。因味觉明，位登菩萨。佛问圆通，如我所证，味因为上。

跋陀婆罗，并其同伴十六开士，即从座起，顶礼佛足，而白佛言：我等先于威音王佛，闻法出家。于浴僧时，随例入室。忽悟水因，既不洗尘，亦不洗体，中间安然，得无所有。宿习无忘。乃至今时从佛出家，令得无学。彼佛名我跋陀婆罗。妙触宣明，成佛子住。佛问圆通，如我所证，触因为上。

摩诃迦叶，及紫金光比丘尼等，即从座起，顶礼佛足，而白佛言：我于往劫，于此界中，有佛出世，名日月灯。我得亲近，闻法修学。佛灭度后，供养舍利，然灯续明。以紫光金涂佛形像。自尔已来，世世生生，身常圆满紫金光聚。此紫金光比丘尼等，即我眷属，同时发心。我观世间六尘变坏，唯以空寂修于灭尽，身心乃能度百千劫，犹如弹指。我以空法成阿罗汉。世尊说我头陀为最。妙法开明，销灭诸漏。佛问圆通，如我所证，法因为上。

阿那律陀，即从座起，顶礼佛足，而白佛言：我初出家，常乐睡眠。如来诃我.为畜生类。我闻佛诃，啼泣自责。七日不眠，失其双目。世尊示我乐见照明金刚三昧。我不因眼，观见十方。精真洞然，如观掌果。如来印我成阿罗汉。佛问圆通，如我所证，旋见循元，斯为第一。

周利槃特迦，即从座起，顶礼佛足，而白佛言：我阙诵持，无多闻性。最初值佛，闻法出家。忆持如来一句伽陀。于一百日，得前遗后，得后遗前。佛愍我愚，教我安居调出入息。我时观息，微细穷尽，生住异灭，诸行刹那。其心豁然。得大无碍。乃至漏尽成阿罗汉。住佛座下，印成无学。佛问圆通，如我所证，反息循空，斯为第一。

憍梵钵提，即从座起，顶礼佛足，而白佛言：我有口业，于过去劫轻弄沙门，世世生生有牛呞病。如来示我.一味清净.心地法门。我得灭心入三摩地。观味之知，非体非物。应念得超世间诸漏。内脱身心。外遗世界。远离三有，如鸟出笼。离垢销尘，法眼清净，成阿罗汉。如来亲印登无学道。佛问圆通，如我所证，还味旋知，斯为第一。

毕陵伽婆蹉，即从座起，顶礼佛足，而白佛言：我初发心从佛入道。数闻如来说诸世间不可乐事。乞食城中，心思法门。不觉路中毒刺伤足，举身疼痛。我念有知。知此深痛。虽觉觉痛。觉清净心，无痛痛觉。我又思惟，如是一身，宁有双觉。摄念未久，身心忽空。三七日中，诸漏虚尽，成阿罗汉。得亲印记，发明无学。佛问圆通，如我所证，纯觉遗身，斯为第一。

须菩提，即从座起，顶礼佛足，而白佛言：我旷劫来，心得无碍。自忆受生如恒河沙。初在母胎，即知空寂。如是乃至十方成空。亦令众生证得空性。蒙如来发性觉真空。空性圆明，得阿罗汉。顿入如来宝明空海。同佛知见。印成无学。解脱性空，我为无上。佛问圆通，如我所证，诸相入非，非所非尽，旋法归无，斯为第一。

舍利弗，即从座起，顶礼佛足，而白佛言：我旷劫来，心见清净。如是受生如恒河沙。世出世间种种变化，一见则通，获无障碍。我于路中，逢迦叶波兄弟相逐，宣说因缘，悟心无际。从佛出家，见觉明圆，得大无畏，成阿罗汉。为佛长子，从佛口生，从法化生。佛问圆通，如我所证，心见发光，光极知见，斯为第一。

普贤菩萨，即从座起，顶礼佛足，而白佛言：我已曾与恒沙如来为法王子。十方如来，教其弟子菩萨根者，修普贤行，从我立名。世尊。我用心闻，分别众生所有知见。若于他方恒沙界外，有一众生，心中发明普贤行者，我于尔时乘六牙象，分身百千，皆至其处。纵彼障深，未得见我。我与其人暗中摩顶，拥护安慰，令其成就。佛问圆通，我说本因，心闻发明，分别自在，斯为第一。

孙陀罗难陀，即从座起，顶礼佛足，而白佛言：我初出家从佛入道，虽具戒律。于三摩地，心常散动，未获无漏。世尊教我，及拘絺罗，观鼻端白。我初谛观，经三七日。见鼻中气，出入如烟。身心内明，圆洞世界，遍成虚净，犹如琉璃。烟相渐销，鼻息成白。心开漏尽，诸出入息化为光明，照十方界，得阿罗汉。世尊记我当得菩提。佛问圆通，我以销息，息久发明，明圆灭漏，斯为第一。

富楼那弥多罗尼子，即从座起，顶礼佛足，而白佛言：我旷劫来，辩才无碍。宣说苦空，深达实相。如是乃至恒沙如来秘密法门，我于众中微妙开示,得无所畏。世尊知我有大辩才,以音声轮教我发扬。我于佛前助佛转轮,因师子吼,成阿罗汉。世尊印我说法无上。佛问圆通,我以法音降伏魔怨,销灭诸漏。斯为第一。

优波离,即从座起,顶礼佛足,而白佛言:我亲随佛踰城出家。亲观如来六年勤苦。亲见如来降伏诸魔,制诸外道。解脱世间贪欲诸漏。承佛教戒。如是乃至三千威仪,八万微细,性业遮业,悉皆清净。身心寂灭,成阿罗汉。我是如来众中纲纪。亲印我心。持戒修身,众推为上。佛问圆通,我以执身,身得自在,次第执心,心得通达,然后身心一切通利,斯为第一。

大目犍连,即从座起,顶礼佛足,而白佛言:我初于路乞食。逢遇优楼频螺、伽耶、那提,三迦叶波,宣说如来因缘深义。我顿发心,得大通达。如来惠我袈裟著身,须发自落。我游十方,得无挂碍。神通发明,推为无上。成阿罗汉。宁唯世尊。十方如来叹我神力,圆明清净,自在无畏。佛问圆通,我以旋湛,心光发宣,如澄浊流,久成清莹,斯为第一。

乌刍瑟摩,于如来前,合掌顶礼佛之双足,而白佛言:我常先忆久远劫前,性多贪欲。有佛出世,名曰空王。说多淫人,成猛火聚。教我遍观.百骸四肢.诸冷暖气。神光内凝,化多淫心.成智慧火。从是诸佛皆呼召我,名为火头。我以火光三昧力故,成阿罗汉。心发大愿,诸佛成道,我为力士,亲伏魔怨。佛问圆通,我以谛观身心暖触,无碍流通,诸漏既销,生大宝焰,登无上觉,斯为第一。

持地菩萨,即从座起,顶礼佛足,而白佛言:我念往昔,普光如来出现于世。我为比丘,常于一切要路津口,田地险隘,有不如法,妨损车马,我皆平填。或作桥梁。或负沙土。如是勤苦,经无量佛出现于世。或有众生于阛阓处,要人擎物,我先为擎,至其所诣,放物即行,不取其直。毗舍浮佛现在世时,世多饥荒。我为负人,无问远近,唯取一钱。或有车牛被于泥溺,我有神力,为其推轮,拔其苦恼。时国大王延佛设斋。我于尔时平地待佛。毗舍如来,摩顶谓我,当平心地,则世界地一切皆平。我即心开,见身微尘,与造世界所有微尘等无差别。微尘自性,不相触摩。乃至刀兵亦无所触。我于法性,悟无生忍,成阿罗汉。回心今入菩萨位中。闻诸如来宣妙莲华佛知见地,我先证明而为上首。佛问圆通,我以谛观身界二尘,等无差别,本如来藏,虚妄发尘,尘销智圆,成无上道,斯为第一。

月光童子,即从座起,顶礼佛足,而白佛言:我忆往昔恒河沙劫,有佛出世,名为水天。教诸菩萨修习水观,入三摩地。观于身中,水性无夺。初从涕唾,如是穷尽津液精血,大小便利,身中旋复,水性一同。见水身中与世界外浮幢王刹,诸香水海,等无差别。我于是时,初成此观。但见其水未得无身。当为比丘,室中安禅。我有弟子,窥窗观室,唯见清水遍在室中,了无所见。童稚无知,取一瓦砾投于水内，激水作声，顾盼而去。我出定后，顿觉心痛。如舍利弗遭违害鬼。我自思惟，今我已得阿罗汉道，久离病缘。云何今日忽生心痛，将无退失。尔时童子捷来我前，说如上事。我则告言：汝更见水，可即开门，入此水中，除去瓦砾。童子奉教。后入定时，还复见水，瓦砾宛然，开门除出。我后出定，身质如初。逢无量佛，如是至于.山海自在通王如来，方得亡身。与十方界诸香水海，性合真空，无二无别。今于如来得童真名，预菩萨会。佛问圆通，我以水性一味流通，得无生忍，圆满菩提，斯为第一。

琉璃光法王子，即从座起，顶礼佛足，而白佛言：我忆往昔经恒沙劫，有佛出世，名无量声。开示菩萨本觉妙明。观此世界及众生身，皆是妄缘风力所转。我于尔时，观界安立，观世动时，观身动止，观心动念，诸动无二，等无差别。我时觉了此群动性，来无所从，去无所至。十方微尘颠倒众生，同一虚妄，如是乃至三千大千一世界内，所有众生，如一器中，贮百蚊蚋，啾啾乱鸣，于分寸中鼓发狂闹。逢佛未几，得无生忍。尔时心开，乃见东方不动佛国，为法王子，事十方佛。身心发光，洞彻无碍。佛问圆通，我以观察风力无依，悟菩提心，入三摩地，合十方佛传一妙心，斯为第一。

虚空藏菩萨，即从座起。顶礼佛足，而白佛言：我与如来，定光佛所，得无边身。尔时手执四大宝珠，照明十方微尘佛刹，化成虚空。又于自心现大圆镜，内放十种微妙宝光，流灌十方尽虚空际，诸幢王刹，来入镜内，涉入我身。身同虚空，不相妨碍。身能善入微尘国土，广行佛事，得大随顺。此大神力，由我谛观四大无依，妄想生灭，虚空无二，佛国本同。于同发明，得无生忍。佛问圆通，我以观察虚空无边，入三摩地，妙力圆明，斯为第一。

弥勒菩萨，即从座起，顶礼佛足，而白佛言：我忆往昔经微尘劫，有佛出世，名日月灯明。我从彼佛而得出家。心重世名，好游族姓。尔时世尊，教我修习唯心识定，入三摩地。历劫已来，以此三昧事恒沙佛。求世名心歇灭无有。至然灯佛出现于世。我乃得成.无上妙圆.识心三昧。乃至尽空如来国土净秽有无。皆是我心变化所现。世尊。我了如是唯心识故，识性流出无量如来。今得授记，次补佛处。佛问圆通，我以谛观十方唯识，识心圆明，入圆成实，远离依他及遍计执，得无生忍，斯为第一。

大势至法王子，与其同伦五十二菩萨，即从座起，顶礼佛足，而白佛言：我忆往昔恒河沙劫，有佛出世，名无量光。十二如来，相继一劫。其最后佛名超日月光。彼佛教我念佛三昧。譬如有人，一专为忆，一人专忘，如是二人，若逢不逢，或见非见。二人相忆，二忆念深，如是乃至从生至生，同于形影，不相乖异。十方如来怜念众生，如母忆子。若子逃逝，虽忆何为。子若忆母如母忆时，母子历生不相违远。若众生心忆佛念佛，现前当来必定见佛。去佛不远，不假方便自得心开。如染香人，身有香气。此则名曰香光庄严。我本因地以念佛心，入无生忍。今于此界，摄念佛人归于净土。佛问圆通，我无选择，都摄六根净念相继，得三摩地，斯为第一。

卷六

尔时观世音菩萨，即从座起，顶礼佛足，而白佛言：世尊。忆念我昔无数恒河沙劫，于时有佛出现于世，名观世音。我于彼佛发菩提心。彼佛教我从闻思修，入三摩地。初于闻中，入流亡所。所入既寂。动静二相了然不生。如是渐增。闻所闻尽。尽闻不住。觉所觉空。空觉极圆。空所空灭。生灭既灭。寂灭现前。忽然超越世出世间。十方圆明。获二殊胜。一者，上合十方诸佛本妙觉心，与佛如来同一慈力。二者，下合十方一切六道众生，与诸众生同一悲仰。

世尊。由我供养观音如来。蒙彼如来，授我如幻闻熏闻修金刚三昧，与佛如来同慈力故，令我身成三十二应，入诸国土。

世尊。若诸菩萨，入三摩地，进修无漏，胜解现圆。我现佛身而为说法，令其解脱。

若诸有学，寂静妙明，胜妙现圆。我于彼前现独觉身，而为说法，令其解脱。

若诸有学，断十二缘，缘断胜性，胜妙现圆。我于彼前现缘觉身，而为说法，令其解脱。

若诸有学，得四谛空，修道入灭，胜性现圆。我于彼前现声闻身，而为说法，令其解脱。

若诸众生，欲心明悟，不犯欲尘，欲身清净。我于彼前现梵王身，而为说法，令其解脱。

若诸众生，欲为天主，统领诸天。我于彼前现帝释身，而为说法，令其成就。

若诸众生，欲身自在游行十方。我于彼前现自在天身，而为说法，令其成就。

若诸众生，欲身自在飞行虚空。我于彼前现大自在天身，而为说法，令其成就。

若诸众生，爱统鬼神，救护国土。我于彼前现天大将军身，而为说法，令其成就。

若诸众生，爱统世界，保护众生。我于彼前现四天王身，而为说法，令其成就。

若诸众生，爱生天宫，驱使鬼神。我于彼前现四天王国太子身，而为说法，令其成就。

若诸众生，乐为人王。我于彼前现人王身，而为说法，令其成就。

若诸众生，爱主族姓，世间推让。我于彼前现长者身，而为说法，令其成就。

若诸众生，爱谈名言，清净自居。我于彼前现居士身，而为说法，令其成就。

若诸众生，爱治国土，剖断邦邑。我于彼前现宰官身，而为说法，令其成就。

若诸众生，爱诸数术，摄卫自居。我于彼前现婆罗门身，而为说法，令其成就。

若有男子，好学出家，持诸戒律。我于彼前现比丘身，而为说法，令其成就。

若有女人，好学出家，持诸禁戒。我于彼前现比丘尼身，而为说法，令其成就。

若有男子，乐持五戒。我于彼前现优婆塞身，而为说法，令其成就。

若有女子，五戒自居。我于彼前现优婆夷身，而为说法，令其成就。

若有女人，内政立身，以修家国。我于彼前现女主身，及国夫人命妇大家，而为说法，令其成就。

若有众生，不坏男根。我于彼前现童男身，而为说法，令其成就。

若有处女，爱乐处身，不求侵暴。我于彼前现童女身，而为说法，令其成就。

若有诸天，乐出天伦。我现天身而为说法，令其成就。

若有诸龙，乐出龙伦。我现龙身而为说法，令其成就。

若有药叉，乐度本伦。我于彼前现药叉身，而为说法，令其成就。

若乾闼婆，乐脱其伦。我于彼前现乾闼婆身，而为说法，令其成就。

若阿修罗，乐脱其伦。我于彼前现阿修罗身，而为说法，令其成就。

若紧那罗，乐脱其伦。我于彼前现紧那罗身，而为说法，令其成就。

若摩呼罗伽，乐脱其伦。我于彼前现摩呼罗伽身，而为说法，令其成就。

若诸众生，乐人修人。我现人身，而为说法，令其成就。

若诸非人，有形无形，有想无想，乐度其伦。我于彼前皆现其身，而为说法，令其成就。

是名妙净三十二应，入国土身。皆以三昧闻熏闻修无作妙力，自在成就。

世尊。我复以此闻熏闻修，金刚三昧无作妙力。与诸十方三世六道一切众生，同悲仰故。令诸众生，于我身心，获十四种无畏功德。

一者，由我不自观音以观观者。令彼十方苦恼众生，观其音声，即得解脱。

二者，知见旋复。令诸众生，设入大火，火不能烧。

三者，观听旋复。令诸众生，大水所漂，水不能溺。

四者，断灭妄想。心无杀害。令诸众生，入诸鬼国，鬼不能害。

五者，熏闻成闻，六根销复，同于声听。能令众生，临当被害，刀段段坏。使其兵戈，犹如割水，亦如吹光，性无摇动。

六者，闻熏精明，明遍法界，则诸幽暗性不能全。能令众生，药叉、罗刹、鸠槃荼鬼、及毗舍遮、富单那等。虽近其傍。目不能视。

七者，音性圆销，观听返入，离诸尘妄，能令众生，禁系枷锁，所不能著。

八者，灭音圆闻，遍生慈力。能令众生，经过险路，贼不能劫。

九者，熏闻离尘，色所不劫，能令一切多淫众生，远离贪欲。

十者，纯音无尘，根境圆融，无对所对。能令一切忿恨众生，离诸嗔恚。

十一者，销尘旋明，法界身心，犹如琉璃，朗彻无碍。能令一切昏钝性障，诸阿颠迦，永离痴暗。

十二者，融形复闻，不动道场，涉入世间。不坏世界，能遍十方。供养微尘诸佛如来。各各佛边为法王子。能令法界无子众生，欲求男者，诞生福德智慧之男。

十三者，六根圆通，明照无二，含十方界。立大圆镜空如来藏。承顺十方微尘如来。秘密法门，受领无失。能令法界无子众生，欲求女者，诞生端正福德柔顺，众人爱敬有相之女。

十四者，此三千大千世界，百亿日月，现住世间诸法王子，有六十二恒河沙数，修法垂范，教化众生，随顺众生，方便智慧，各各不同。由我所得圆通本根，发妙耳门。然后身心微妙含容，周遍法界。能令众生持我名号，与彼共持六十二恒河沙诸法王子，二人福德，正等无异。世尊，我一名号，与彼众多名号无异。

由我修习得真圆通。是名十四施无畏力，福备众生。

世尊。我又获是圆通，修证无上道故，又能善获四不思议无作妙德。

一者，由我初获妙妙闻心，心精遗闻，见闻觉知不能分隔，成一圆融清净宝觉。故我能现众多妙容，能说无边秘密神咒。其中或现一首三首五首七首九首十一首，如是乃至一百八首，千首万首，八万四千烁迦罗首。二臂四臂六臂八臂十臂十二臂，十四十六十八二十至二十四，如是乃至一百八臂，千臂万臂，八万四千母陀罗臂。二目三目四目九目。如是乃至一百八目,千目万目,八万四千清净宝目。或慈或威。或定或慧。救护众生。得大自在。

二者,由我闻思,脱出六尘,如声度垣,不能为碍。故我妙能现一一形,诵一一咒。其形其咒,能以无畏施诸众生。是故十方微尘国土,皆名我为施无畏者。

三者,由我修习本妙圆通清净本根。所游世界,皆令众生舍身珍宝,求我哀愍。

四者,我得佛心,证于究竟。能以珍宝种种,供养十方如来,傍及法界六道众生。求妻得妻,求子得子。求三昧得三昧。求长寿得长寿。如是乃至求大涅槃得大涅槃。

佛问圆通,我从耳门圆照三昧,缘心自在,因入流相,得三摩提,成就菩提,斯为第一。

世尊。彼佛如来,叹我善得圆通法门。于大会中,授记我为观世音号。由我观听十方圆明。故观音名遍十方界。

尔时世尊于师子座,从其五体同放宝光,远灌十方微尘如来,及法王子诸菩萨顶。彼诸如来亦于五体同放宝光,从微尘方来灌佛顶,并灌会中诸大菩萨及阿罗汉。林木池沼,皆演法音。交光相罗,如宝丝网。是诸大众,得未曾有。一切普获金刚三昧。即时天雨百宝莲华,青黄赤白,间错纷糅。十方虚空,成七宝色。此娑婆界大地山河,俱时不现。唯见十方微尘国土,合成一界。梵呗咏歌,自然敷奏。

于是如来,告文殊师利法王子。汝今观此二十五无学诸大菩萨,及阿罗汉,各说最初成道方便,皆言修习真实圆通。彼等修行,实无优劣前后差别。我今欲令阿难开悟,二十五行谁当其根。兼我灭后,此界众生,入菩萨乘求无上道,何方便门得易成就。

文殊师利法王子,奉佛慈旨,即从座起,顶礼佛足,承佛威神,说偈对佛。

觉海性澄圆	圆澄觉元妙	元明照生所	所立照性亡
迷妄有虚空	依空立世界	想澄成国土	知觉乃众生
空生大觉中	如海一沤发	有漏微尘国	皆依空所生
沤灭空本无	况复诸三有	归元性无二	方便有多门
圣性无不通	顺逆皆方便	初心入三昧	迟速不同伦
色想结成尘	精了不能彻	如何不明彻	于是获圆通
音声杂语言	但伊名句味	一非含一切	云何获圆通
香以合中知	离则元无有	不恒其所觉	云何获圆通
味性非本然	要以味时有	其觉不恒一	云何获圆通
触以所触明	无所不明触	合离性非定	云何获圆通
法称为内尘	凭尘必有所	能所非遍涉	云何获圆通
见性虽洞然	明前不明后	四维亏一半	云何获圆通

鼻息出入通　现前无交气　支离匪涉入　云何获圆通
舌非入无端　因味生觉了　味亡了无有　云何获圆通
身与所触同　各非圆觉观　涯量不冥会　云何获圆通
知根杂乱思　湛了终无见　想念不可脱　云何获圆通
识见杂三和　诘本称非相　自体先无定　云何获圆通
心闻洞十方　生于大因力　初心不能入　云何获圆通
鼻想本权机　只令摄心住　住成心所住　云何获圆通
说法弄音文　开悟先成者　名句非无漏　云何获圆通
持犯但束身　非身无所束　元非遍一切　云何获圆通
神通本宿因　何关法分别　念缘非离物　云何获圆通
若以地性观　坚碍非通达　有为非圣性　云何获圆通
若以水性观　想念非真实　如如非觉观　云何获圆通
若以火性观　厌有非真离　非初心方便　云何获圆通
若以风性观　动寂非无对　对非无上觉　云何获圆通
若以空性观　昏钝先非觉　无觉异菩提　云何获圆通
若以识性观　观识非常住　存心乃虚妄　云何获圆通
诸行是无常　念性元生灭　因果今殊感　云何获圆通
我今白世尊　佛出娑婆界　此方真教体　清净在音闻
欲取三摩提　实以闻中入　离苦得解脱　良哉观世音
于恒沙劫中　入微尘佛国　得大自在力　无畏施众生
妙音观世音　梵音海潮音　救世悉安宁　出世获常住
我今启如来　如观音所说　譬如人静居　十方俱击鼓
十处一时闻　此则圆真实　目非观障外　口鼻亦复然
身以合方知　心念纷无绪
隔垣听音响　遐迩俱可闻
五根所不齐　是则通真实　音声性动静　闻中为有无
无声号无闻　非实闻无性　声无既无灭　声有亦非生
生灭二圆离　是则常真实　纵令在梦想　不为不思无
觉观出思惟　身心不能及　今此娑婆国　声论得宣明
众生迷本闻　循声故流转　阿难纵强记　不免落邪思
岂非随所沦　旋流获无妄
阿难汝谛听
我承佛威力　宣说金刚王　如幻不思议　佛母真三昧
汝闻微尘佛　一切秘密门　欲漏不先除　畜闻成过误
将闻持佛佛　何不自闻闻　闻非自然生　因声有名字
旋闻与声脱　能脱欲谁名　一根既返源　六根成解脱
见闻如幻翳　三界若空华　闻复翳根除　尘销觉圆净
净极光通达　寂照含虚空　却来观世间　犹如梦中事
摩登伽在梦　谁能留汝形　如世巧幻师　幻作诸男女

虽见诸根动	要以一机抽	息机归寂然	诸幻成无性
六根亦如是	元依一精明	分成六和合	一处成休复
六用皆不成	尘垢应念销	成圆明净妙	
余尘尚诸学	明极即如来	大众及阿难	旋汝倒闻机
反闻闻自性	性成无上道	圆通实如是	
此是微尘佛	一路涅槃门	过去诸如来	斯门已成就
现在诸菩萨	今各入圆明	未来修学人	当依如是法
我亦从中证	非唯观世音	诚如佛世尊	询我诸方便
以救诸末劫	求出世间人	成就涅槃心	观世音为最
自余诸方便	皆是佛威神	即事舍尘劳	非是长修学
浅深同说法	顶礼如来藏	无漏不思议	愿加被未来
于此门无惑	方便易成就	堪以教阿难	及末劫沉沦
但以此根修	圆通超余者	真实心如是	

　　于是阿难及诸大众，身心了然，得大开示。观佛菩提及大涅槃。犹如有人因事远游，未得归还，明了其家所归道路。普会大众，天龙八部，有学二乘，及诸一切新发心菩萨，其数凡有十恒河沙，皆得本心，远尘离垢，获法眼净。性比丘尼闻说偈已。成阿罗汉。无量众生，皆发无等等阿耨多罗三藐三菩提心。

　　阿难整衣服，于大众中合掌顶礼。心迹圆明，悲欣交集。欲益未来诸众生故，稽首白佛。大悲世尊。我今已悟成佛法门，是中修行得无疑惑。常闻如来说如是言。自未得度先度人者，菩萨发心。自觉已圆能觉他者，如来应世。我虽未度，愿度末劫一切众生。世尊。此诸众生，去佛渐远。邪师说法，如恒河沙。欲摄其心入三摩地。云何令其安立道场，远诸魔事。于菩提心得无退屈。

　　尔时世尊于大众中，称赞阿难。善哉善哉。如汝所问安立道场，救护众生末劫沉溺。汝今谛听。当为汝说。阿难大众，唯然奉教。

　　佛告阿难。汝常闻我毗奈耶中，宣说修行三决定义。所谓摄心为戒。因戒生定。因定发慧。是则名为三无漏学。

　　阿难。云何摄心我名为戒。

　　若诸世界六道众生，其心不淫，则不随其生死相续。汝修三昧，本出尘劳。淫心不除，尘不可出。纵有多智，禅定现前。如不断淫，必落魔道。上品魔王、中品魔民、下品魔女。彼等诸魔，亦有徒众。各各自谓成无上道。我灭度后末法之中，多此魔民，炽盛世间，广行贪淫，为善知识，令诸众生落爱见坑失菩提路。汝教世人修三摩地，先断心淫。是名如来先佛世尊，第一决定清净明诲。是故阿难。若不断淫修禅定者，如蒸砂石，欲其成饭，经百千劫只名热砂。何以故？此非饭本，砂石成故。汝以淫身，求佛妙果。纵得妙悟，皆是淫根。根本成淫，轮转三涂，必不能出。如来涅槃，何路修证。必使淫机身心俱断，断性亦无，于佛菩提斯可希冀。如我此说，名为佛说。不如此说，即波旬说。

阿难。又诸世界六道众生，其心不杀，则不随其生死相续。汝修三昧，本出尘劳。杀心不除，尘不可出。纵有多智，禅定现前。如不断杀，必落神道。上品之人，为大力鬼。中品则为飞行夜叉诸鬼帅等。下品当为地行罗刹。彼诸鬼神亦有徒众。各各自谓成无上道。我灭度后末法之中，多此鬼神，炽盛世间，自言食肉得菩提路。阿难。我令比丘食五净肉。此肉皆我神力化生，本无命根。汝婆罗门，地多蒸湿，加以砂石，草菜不生。我以大悲神力所加，因大慈悲，假名为肉，汝得其味。奈何如来灭度之后，食众生肉，名为释子。汝等当知。是食肉人，纵得心开似三摩地，皆大罗刹，报终必沉生死苦海，非佛弟子。如是之人，相杀相吞，相食未已，云何是人得出三界。汝教世人修三摩地，次断杀生。是名如来先佛世尊，第二决定清净明诲。是故阿难。若不断杀修禅定者，譬如有人自塞其耳，高声大叫，求人不闻，此等名为欲隐弥露。清净比丘及诸菩萨，于歧路行，不蹋生草，况以手拔。云何大悲，取诸众生血肉充食。若诸比丘，不服东方丝绵绢帛，及是此土靴履裘毳，乳酪醍醐。如是比丘，于世真脱，酬还宿债，不游三界。何以故？服其身分，皆为彼缘。如人食其地中百谷，足不离地。必使身心，于诸众生若身身分，身心二涂，不服不食，我说是人真解脱者。如我此说，名为佛说。不如此说，即波旬说。

阿难。又复世界六道众生，其心不偷，则不随其生死相续。汝修三昧，本出尘劳。偷心不除，尘不可出。纵有多智，禅定现前。如不断偷，必落邪道。上品精灵、中品妖魅、下品邪人，诸魅所著。彼等群邪亦有徒众。各各自谓成无上道。我灭度后末法之中，多此妖邪，炽盛世间，潜匿奸欺，称善知识。各自谓已得上人法。詃惑无识，恐令失心。所过之处，其家耗散。我教比丘循方乞食，令其舍贪，成菩提道。诸比丘等，不自熟食，寄于残生，旅泊三界，示一往还，去已无返。云何贼人假我衣服，裨贩如来，造种种业，皆言佛法，却非出家具戒比丘，为小乘道。由是疑误无量众生，堕无间狱。若我灭后，其有比丘发心决定修三摩提，能于如来形像之前，身然一灯，烧一指节，及于身上爇一香炷。我说是人无始宿债，一时酬毕，长揖世间，永脱诸漏。虽未即明无上觉路。是人于法已决定心。若不为此舍身微因，纵成无为，必还生人，酬其宿债。如我马麦正等无异。汝教世人修三摩地，后断偷盗，是名如来先佛世尊，第三决定清净明诲。是故阿难。若不断偷修禅定者，譬如有人水灌漏卮欲求其满，纵经尘劫，终无平复。若诸比丘，衣钵之余，分寸不畜。乞食余分，施饿众生。于大集会，合掌礼众。有人捶詈，同于称赞。必使身心，二俱捐舍。身肉骨血，与众生共。不将如来不了义说，回为己解，以误初学。佛印是人得真三昧。如我所说，名为佛说。不如此说，即波旬说。

阿难。如是世界六道众生，虽则身心无杀盗淫，三行已圆，若大妄语，即三摩地不得清净，成爱见魔，失如来种。所谓未得谓得，未证言证。或求世间尊胜第一。谓前人言，我今已得须陀洹果，斯陀含果，阿那含果，阿罗汉道，辟支佛乘，十地地前诸位菩萨。求彼礼忏，贪其供养。是一颠迦，销灭佛种。如人以刀断多罗木。佛记是人永殒善根，无复知见。沈三苦海，不成三昧。我灭度后，敕诸菩萨及阿罗汉，应身生彼末法之中，作种种形，度诸轮转。或作沙门，白衣居士，人王宰官，童男童女，如是乃至淫女寡妇，奸偷屠贩，与其同事，称赞佛乘，令其身心入三摩地。终不自言我真菩萨，真阿罗汉，泄佛密因，轻言未学。唯除命终，阴有遗付。云何是人惑乱众生，成大妄语。汝教世人修三摩地，后复断除诸大妄语。是名如来先佛世尊，第四决定清净明诲。是故阿难。若不断其大妄语者，如刻人粪为栴檀形，欲求香气，无有是处。我教比丘直心道场，于四威仪一切行中，尚无虚假。云何自称得上人法。譬如穷人妄号帝王，自取诛灭。况复法王，如何妄窃。因地不真，果招纡曲。求佛菩提，如噬脐人，欲谁成就。若诸比丘，心如直弦，一切真实，入三摩地永无魔事。我印是人成就菩萨无上知觉。如我所说，名为佛说。不如此说，即波旬说。

卷七

阿难。汝问摄心。我今先说入三摩地，修学妙门，求菩萨道。要先持此四种律仪，皎如冰霜。自不能生一切枝叶。心三口四，生必无因。阿难。如是四事，若不遗失。心尚不缘色香味触。一切魔事，云何发生。若有宿习不能灭除。汝教是人，一心诵我.佛顶光明.摩诃萨怛多般怛啰.无上神咒。斯是如来无见顶相，无为心佛从顶发辉，坐宝莲华所说心咒。且汝宿世与摩登伽，历劫因缘恩爱习气，非是一生及与一劫。我一宣扬，爱心永脱，成阿罗汉。彼尚淫女，无心修行。神力冥资速证无学。云何汝等在会声闻，求最上乘决定成佛。譬如以尘扬于顺风，有何艰险。若有末世欲坐道场。先持比丘清净禁戒。要当选择戒清净者，第一沙门，以为其师。若其不遇真清净僧，汝戒律仪必不成就。戒成已后，著新净衣，然香闲居，诵此心佛所说神咒一百八遍，然后结界，建立道场。求于十方现住国土无上如来，放大悲光来灌其顶。阿难。如是末世清净比丘，若比丘尼，白衣檀越，心灭贪淫，持佛净戒。于道场中发菩萨愿。出入澡浴。六时行道。如是不寐，经三七日。我自现身至其人前，摩顶安慰，令其开悟。

阿难白佛言：世尊。我蒙如来无上悲诲，心已开悟。自知修证无学道成。末法修行建立道场，云何结界，合佛世尊清净轨则。

佛告阿难。若末世人愿立道场。先取雪山大力白牛。食其山中肥腻香草。此牛唯饮雪山清水。其粪微细。可取其粪，和合栴檀，以泥其地。若非雪山，其牛臭秽，不堪涂地。别于平原，穿去地皮五尺已下，取其黄土，和上栴檀、沉水、苏合、熏陆、郁金、白胶、青木、零陵、甘松、及鸡舌香。以此十种细罗为粉。合土成泥，以涂场地。方圆丈六，为八角坛。坛心置一金银铜木所造莲华。华中安钵。钵中先盛八月露水。水中随安所有华叶。取八圆镜，各安其方，围绕华钵。镜外建立十六莲华。十六香炉，间华铺设。庄严香炉，纯烧沉水，无令见火。取白牛乳，置十六器。乳为煎饼，并诸砂糖、油饼、乳糜、苏合、蜜姜、纯酥、纯蜜。于莲华外，各各十六围绕华外。以奉诸佛及大菩萨。每以食时，若在中夜，取蜜半升，用酥三合。坛前别安一小火炉。以兜楼婆香，煎取香水，沐浴其炭，然令猛炽。投是酥蜜于炎炉内，烧令烟尽，享佛菩萨。令其四外遍悬幡华。于坛室中，四壁敷设十方如来及诸菩萨所有形像。应于当阳，张卢舍那、释迦、弥勒、阿閦、弥陀。诸大变化观音形像，兼金刚藏，安其左右。帝释、梵王、乌刍瑟摩、并蓝地迦、诸军茶利、与毗俱胝、四天王等，频那夜迦，张于门侧，左右安置。又取八镜覆悬虚空，与坛场中所安之镜，方面相对，使其形影重重相涉。

于初七中，至诚顶礼十方如来，诸大菩萨，阿罗汉号。恒于六时诵咒围坛，至心行道。一时常行一百八遍。第二七中，一向专心发菩萨愿，心无间断。我毗奈耶先有愿教。第三七中，于十二时，一向持佛般怛啰咒。至第七日，十方如来一时出现。镜交光处，承佛摩顶。即于道场修三摩地。能令如是末世修学，身心明净犹如琉璃。阿难。若此比丘本受戒师，及同会中十比丘等，其中有一不清净者，如是道场多不成就。从三七后，端坐安居，经一百日。有利根者，不起于座，得须陀洹。纵其身心圣果未成，决定自知成佛不谬。汝问道场，建立如是。

阿难顶礼佛足，而白佛言：自我出家，恃佛憍爱。求多闻故，未证无为。遭彼梵天邪术所禁。心虽明了，力不自由。赖遇文殊，令我解脱。虽蒙如来佛顶神咒，冥获其力，尚未亲闻。惟愿大慈重为宣说，悲救此会诸修行辈，末及当来在轮回者，承佛密音，身意解脱。

于时会中一切大众，普皆作礼，伫闻如来秘密章句。尔时世尊从肉髻中，涌百宝光，光中涌出千叶宝莲。有化如来，坐宝华中，顶放十道百宝光明。一一光明，皆遍示现十恒河沙金刚密迹，擎山持杵，遍虚空界。大众仰观，畏爱兼抱，求佛哀祐。一心听佛无见顶相放光如来宣说神咒。

南无萨怛他　苏伽多耶　阿罗诃帝　三藐三菩陀写。萨怛他　佛陀俱胝　瑟尼钐。南无萨婆　勃陀勃地　萨跢鞞弊。南无萨多南　三藐三菩陀　俱知喃。娑舍啰婆迦　僧伽喃。南无卢鸡　阿罗汉　跢喃。南无苏卢多波那喃。南无娑羯唎陀 伽弥喃。南无卢鸡三藐伽跢喃。三藐伽波啰 底波多那喃。南无提婆离瑟赧。南无悉陀耶 毗地耶 陀啰离瑟赧。舍波奴 揭啰诃 娑诃娑啰 摩他喃。南无跋啰诃摩尼。南无因陀啰耶。南无婆伽婆帝。嚧陀啰耶。乌摩般帝。娑醯夜耶。南无婆伽婆帝。那啰野拏耶。槃遮摩诃 三慕陀啰。南无悉羯唎多耶。南无婆伽婆帝。摩诃迦罗耶。地唎般剌那伽啰。毗陀啰 波拏迦啰耶。阿地目帝。尸摩舍那泥婆悉泥。摩怛唎伽拏。南无悉羯唎多耶。南无婆伽婆帝。多他伽跢 俱啰耶。南无般头摩 俱啰耶。南无跋阇啰 俱啰耶。南无摩尼 俱啰耶。南无伽阇 俱啰耶。南无婆伽婆帝。帝唎茶 输啰西那。波啰诃啰 拏啰阇耶。跢他伽多耶。南无婆伽婆帝。南无阿弥多婆耶。跢他伽多耶。阿啰诃帝。三藐三菩陀耶。南无婆伽婆帝。阿刍鞞耶。跢他伽多耶。阿啰诃帝。三藐三菩陀耶。南无婆伽婆帝。鞞沙阇耶 俱卢吠柱唎耶。般啰婆啰阇耶。跢他伽多耶。南无婆伽婆帝。三补师毖多。萨怜捺啰 剌阇耶。跢他伽多耶。阿啰诃帝。三藐三菩陀耶。南无婆伽婆帝。舍鸡野 母那曳。跢他伽多耶。阿啰诃帝。三藐三菩陀耶。南无婆伽婆帝。剌怛那 鸡都啰阇耶。跢他伽多耶。阿啰诃帝。三藐三菩陀耶。帝瓢 南无萨羯唎多。翳昙 婆伽婆多。萨怛他 伽都瑟尼钐。萨怛多般怛蓝。南无阿婆啰视耽。般啰帝 扬歧啰。萨啰婆 部多揭啰诃。尼羯啰诃 羯迦啰诃尼。跋啰 毖地耶 叱陀你。阿迦啰 密唎柱。般唎 怛啰耶 儜揭唎。萨啰婆 槃陀那 目叉尼。萨啰婆 突瑟吒。突悉乏 般那你 伐啰尼。赭都啰 失帝南。羯啰诃 娑诃萨啰若阇。毗多崩娑那羯唎。阿瑟吒冰舍帝南。那叉刹怛啰 若阇。波啰萨陀 那羯唎。阿瑟吒南。摩诃羯啰诃 若阇。毗多崩 萨那羯唎。萨婆 舍都嚧 你婆啰若阇。呼蓝 突悉乏 难遮那舍尼。毖沙舍 悉怛啰。阿吉尼 乌陀迦啰 若阇。阿般啰视多具啰。摩诃般啰战持。摩诃叠多。摩诃帝阇。摩诃税多 阇婆啰。摩诃跋啰 槃陀啰 婆悉你。阿唎耶多啰。毗唎俱知。誓婆毗阇耶。跋阇啰 摩礼底。毗舍嚧多。勃腾罔迦。跋阇啰 制喝那阿遮。摩啰制婆 般啰质多。跋阇啰 擅持。毗舍啰遮。扇多舍 鞞提婆 补视多。苏摩嚧波。摩诃税多。阿唎耶多啰。摩诃婆啰 阿般啰。跋阇啰 商羯啰 制婆。跋阇啰 俱摩唎。俱蓝陀唎。跋阇啰 喝萨多遮。毗地耶 乾遮那 摩唎迦。啒苏母 婆羯啰跢那。鞞嚧遮那 俱唎耶。夜啰菟 瑟尼钐。毗折蓝婆摩尼遮。跋阇啰 迦那 迦波啰婆。嚧阇那 跋阇啰 顿稚遮。税多遮 迦摩啰。刹奢尸 波啰婆。翳帝夷帝。母陀啰羯拏。娑鞞啰忏。掘梵都 印兔那 么么写。

　　乌𤙖。唎瑟揭拏。 般剌 舍悉多。 萨怛他 伽都瑟尼钐。虎𤙖。都嚧雍。瞻婆那。虎𤙖。都嚧雍。悉眈婆那。虎𤙖。都嚧雍。波啰瑟地耶 三般叉 拏羯啰。虎𤙖。都嚧雍。萨婆药叉 喝啰刹娑。揭啰诃 若阇。毗腾崩 萨那羯啰。虎𤙖。都嚧雍。者都啰 尸底南。揭啰诃 娑诃萨啰南。毗腾崩 萨那啰。虎𤙖。都嚧雍。啰叉。婆伽梵。萨怛他伽都瑟尼钐。波啰点 阇吉唎。摩诃 娑诃萨啰。勃树 娑诃萨啰 室唎沙。俱知 娑诃萨泥 帝隶。阿弊提视 婆唎多。吒吒罂迦。摩诃 跋阇嚧陀啰。帝唎 菩婆那。曼茶啰。乌吽。娑悉帝 薄婆都。么么。印兔那 么么写。

　啰阇婆夜。主啰跋夜。阿祇尼 婆夜。乌陀迦 婆夜。毗沙 婆夜。舍萨多啰 婆夜。婆啰 斫羯啰 婆夜。突瑟叉 婆夜。阿舍你 婆夜。阿迦啰 密唎柱 婆夜。陀啰尼 部弥剑 波伽波陀 婆夜。乌啰迦 婆多 婆夜。剌阇坛茶 婆夜。那伽婆夜。毗条怛 婆夜。苏波啰拏 婆夜。药叉揭啰诃。啰叉私 揭啰诃。毕唎多 揭啰诃。毗舍遮 揭啰诃。部多 揭啰诃。鸠槃茶 揭啰诃。补丹那 揭啰诃。迦吒补丹那 揭啰诃。悉乾度 揭啰诃。阿播悉摩啰 揭啰诃。乌檀摩陀 揭啰诃。车夜揭啰诃。醯唎婆帝 揭啰诃。社多 诃唎南。揭婆 诃唎南。嚧地啰 诃唎南。忙娑 诃唎南。谜陀 诃唎南。摩阇 诃唎南。阇多 诃唎女。视比多 诃唎南。毗多 诃唎南。婆多 诃唎南。阿输遮 诃唎女。质多 诃唎女。帝钐 萨鞞钐。萨婆 揭啰诃南。毗陀夜阇 嗔陀夜弥。鸡啰夜弥。波唎 跋啰者迦 讫唎担。毗陀夜阇 嗔陀夜弥。鸡啰夜弥。茶演尼 讫唎担。毗陀夜阇 嗔陀夜弥。鸡啰夜弥。摩诃般输 般怛夜。嚧陀啰 讫唎担。毗陀夜阇 嗔陀夜弥。鸡啰夜弥。那啰夜拏 讫唎担。毗陀夜阇 嗔陀夜弥。鸡啰夜弥。怛埵伽嚧 茶西 讫唎担。毗陀夜阇 嗔陀夜弥。鸡啰夜弥。摩诃迦啰 摩怛唎伽拏 讫唎担。毗陀夜阇 嗔陀夜弥。鸡啰夜弥。迦波唎迦讫唎担。毗陀夜阇 嗔陀夜弥。鸡啰夜弥。阇耶羯啰 摩度羯啰。萨婆 啰他 娑达那 讫唎担。毗陀夜阇 嗔陀夜弥。鸡啰夜弥。赭咄啰 婆耆你 讫唎担。毗陀夜阇 嗔陀夜弥。鸡啰夜弥。毗唎羊 讫唎知。难陀 鸡沙啰 伽拏 般帝。索醯夜 讫唎担。毗陀夜阇 嗔陀夜弥。鸡啰夜弥。那揭那 舍啰 婆拏 讫唎担。毗陀夜阇 嗔陀夜弥。鸡啰夜弥。阿罗汉 讫唎担 毗陀夜阇 嗔陀夜弥。鸡啰夜弥。毗多啰伽 讫唎担。毗陀夜阇 嗔陀夜弥。鸡啰夜弥 跋阇啰波你。具醯夜 具醯夜。迦地 般帝 讫唎担。毗陀夜阇 嗔陀夜弥。鸡啰夜弥。啰叉罔。婆伽梵。印兔那 么么写。

　婆伽梵。萨怛多 般怛啰。南无粹都帝。阿悉多 那啰剌迦。波啰婆 悉普吒。毗迦 萨怛多 钵帝唎。什佛啰 什佛啰。陀啰陀啰。频陀啰 频陀啰 嗔陀嗔陀。虎吽。虎吽。泮吒。泮吒 泮吒 泮吒 泮吒。娑诃。醯醯泮。阿牟迦耶泮。阿波啰 提诃多泮。婆啰 波啰陀泮。阿素啰 毗陀啰 波迦泮。萨婆 提鞞 弊泮。萨婆 那伽 弊泮。萨婆 药叉 弊泮。萨婆 乾闼婆 弊泮。萨婆 补丹那 弊泮。迦吒补丹那 弊泮。萨婆 突狼枳帝 弊泮。萨婆 突涩比犁讫瑟帝 弊泮。萨婆 什婆唎 弊泮。萨婆 阿播悉摩犁 弊泮。萨婆 舍啰 婆拏 弊泮。萨婆 地帝鸡 弊泮。萨婆 怛摩陀继 弊泮。萨婆 毗陀耶 啰誓 遮犁 弊泮。阇夜羯啰 摩度羯啰。萨婆 啰他 娑陀鸡 弊泮。毗地夜 遮唎 弊泮。者都啰 缚

耆你 弊泮。跋阇啰 俱摩唎。毗陀夜 啰誓 弊泮。摩诃波啰 丁羊 乂 耆唎 弊泮。跋阇啰 商羯啰夜。波啰丈耆 啰阇耶泮。摩诃迦啰夜。摩诃 末怛唎迦拏。南无 娑羯唎多 夜泮。毖瑟拏婢 曳泮。勃啰诃 牟尼 曳泮。阿耆尼 曳泮。摩诃羯唎 曳泮。羯啰檀持 曳泮。蔑怛唎 曳泮。唠怛唎 曳泮。遮文茶 曳泮。羯逻啰怛唎 曳泮。迦般唎 曳泮。阿地目 质多 迦尸摩 舍那。婆私你 曳泮。演吉质。萨埵 婆写。么么 印兔那 么么 写。

突瑟吒 质多。阿末怛唎 质多。乌阇 诃啰。伽婆 诃啰。嚧地啰 诃啰。婆娑 诃啰。摩阇 诃啰。阇多 诃啰。视毖多 诃啰。跋略夜 诃啰。乾陀 诃啰。布史波 诃啰。颇啰 诃啰。婆写 诃啰。般波 质多。突瑟吒 质多。唠陀啰 质多。药叉 揭啰诃。啰刹娑 揭啰诃。闭隶多 揭啰诃。毗舍遮 揭啰诃。部多 揭啰诃。鸠槃茶 揭啰诃。悉乾陀 揭啰诃。乌怛摩陀 揭啰诃。车夜 揭啰诃。阿播萨摩啰 揭啰诃。宅袪革 茶耆尼 揭啰诃。唎佛帝 揭啰诃。阇弥迦 揭啰诃。舍俱尼 揭啰诃。姥陀啰 难地迦 揭啰诃。阿蓝婆 揭啰诃。乾度波尼 揭啰诃。什伐啰 堙迦醯迦。坠帝药迦。怛隶帝药迦。者突托迦。昵提 什伐啰 毖钐摩 什伐啰。薄底迦。鼻底迦。室隶 瑟密迦。娑你 般帝迦。萨婆 什伐啰。室嚧吉帝。末陀 鞞达 嚧制剑。阿绮嚧钳。目佉嚧钳。羯唎突嚧钳。揭啰诃 揭蓝。羯拏 输蓝。惮多 输蓝。迄唎夜 输蓝。末么 输蓝。跋唎室婆 输蓝。毖栗瑟吒 输蓝。乌陀啰 输蓝。羯知输蓝。跋悉帝输蓝。邬嚧输蓝。常伽输蓝。喝悉多输蓝。跋陀输蓝。娑房盎伽 般啰 丈伽 输蓝。部多 毖跢茶。茶耆尼 什婆啰。陀突嚧迦 建咄嚧吉知 婆路多毗。萨般嚧 诃凌伽。输沙怛啰 娑那羯啰。毗沙喻迦。阿耆尼 乌陀迦。末啰 鞞啰 建跢啰。阿迦啰 密唎咄 怛敛部迦。地栗剌吒。毖唎瑟质迦。萨婆那俱啰。肆引伽弊 揭啰唎 药叉 怛啰刍。末啰视 吠帝钐 娑鞞钐。悉怛多 钵怛啰。摩诃跋阇嚧 瑟尼钐。摩诃般赖 丈耆蓝。夜波突陀 舍喻阇那。辫怛隶拏。毗陀耶 槃昙迦嚧弥。帝殊 槃昙迦嚧弥。般啰毗陀 槃昙迦嚧弥。跢侄他。唵。阿那隶。毗舍提。鞞 啰 跋阇啰 陀唎。槃陀槃陀你。跋阇啰 谤尼泮。虎㕸都嚧瓮泮。莎婆诃。

阿难。是佛顶光聚.悉怛多般怛罗.秘密伽陀.微妙章句。出生十方一切诸佛。十方如来，因此咒心，得成无上正遍知觉。十方如来，执此咒心，降伏诸魔，制诸外道。十方如来，乘此咒心，坐宝莲华，应微尘国。十方如来，含此咒心，于微尘国转大法轮。十方如来，持此咒心，能于十方摩顶授记。自果未成，亦于十方蒙佛授记。十方如来，依此咒心，能于十方拔济群苦。所谓地狱饿鬼畜生，盲聋喑哑，怨憎会苦、爱别离苦、求不得苦、五阴炽盛，大小诸横同时解脱。贼难兵难、王难狱难、风火水难、饥渴贫穷，应念销散。十方如来，随此咒心，能于十方事善知识，四威仪中供养如意。恒沙如来会中，推为大法王子。十方如来，行此咒心，能于十方摄受亲因，令诸小乘闻秘密藏，不生惊怖。十方如来，诵此咒心，成无上觉，坐菩提树，入大涅槃。十方如来，传此咒心，于灭度后付佛法事，究竟住持，严净戒律，悉得清净。若我说是佛顶光聚般怛罗咒，从旦至暮，音声相联，字句中间，亦不重叠，经恒沙劫终不能尽。亦说此咒名如来顶。汝等有学，未尽轮回，发心至诚取阿罗汉，不持此咒而坐道场，令其身心远诸魔事，无有是处。

阿难。若诸世界，随所国土所有众生，随国所生桦皮贝叶纸素白叠毛书写此咒，贮于香囊。是人心昏，未能诵忆。或带身上。或书宅中。当知是人尽其生年，一切诸毒所不能害。阿难。我今为汝更说此咒，救护世间得大无畏，成就众生出世间智。若我灭后，末世众生，有能自诵，若教他诵，当知如是诵持众生，火不能烧，水不能溺，大毒小毒所不能害。如是乃至龙天鬼神，精祇魔魅，所有恶咒，皆不能著。心得正受。一切咒诅厌蛊毒药、金毒银毒、草木虫蛇万物毒气，入此人口，成甘露味。一切恶星并诸鬼神，磣心毒人，于如是人不能起恶。频那夜迦诸恶鬼王，并其眷属，皆领深恩，常加守护。

阿难当知。是咒常有.八万四千.那由他.恒河沙.俱胝.金刚藏王菩萨种族。一一皆有诸金刚众而为眷属，昼夜随侍。设有众生，于散乱心，非三摩地，心忆口持。是金刚王，常随从彼诸善男子。何况决定菩提心者。此诸金刚菩萨藏王，精心阴速，发彼神识。是人应时心能记忆八万四千恒河沙劫，周遍了知，得无疑惑。从第一劫乃至后身，生生不生药叉罗刹，及富单那，迦吒富单那，鸠槃茶，毗舍遮等，并诸饿鬼，有形无形、有想无想、如是恶处。是善男子，若读若诵、若书若写、若带若藏，诸色供养，劫劫不生贫穷下贱不可乐处。此诸众生，纵其自身不作福业，十方如来所有功德，悉与此人。由是得于恒河沙阿僧祇不可说不可说劫，常与诸佛同生一处。无量功德，如恶叉聚。同处熏修，永无分散。是故能令破戒之人，戒根清净。未得戒者，令其得戒。未精进者，令得精进。无智慧者，令得智慧。不清净者，速得清净。不持斋戒，自成斋戒。

阿难。是善男子持此咒时。设犯禁戒于未受时。持咒之后。众破戒罪，无问轻重，一时销灭。纵经饮酒，食啖五辛，种种不净，一切诸佛菩萨金刚天仙鬼神不将为过。设著不净破弊衣服。一行一住悉同清净。纵不作坛，不入道场，亦不行道，诵持此咒，还同入坛行道功德，无有异也。若造五逆无间重罪，及诸比丘比丘尼四弃八弃，诵此咒已，如是重业，犹如猛风吹散沙聚。悉皆灭除，更无毫发。

阿难。若有众生，从无量无数劫来，所有一切轻重罪障，从前世来未及忏悔。若能读诵书写此咒，身上带持，若安住处庄宅园馆。如是积业，犹汤销雪。不久皆得悟无生忍。复次阿难。若有女人，未生男女，欲求孕者。若能至心忆念斯咒。或能身上带此悉怛多般怛啰者。便生福德智慧男女。求长命者，即得长命。欲求果报速圆满者，速得圆满。身命色力，亦复如是。命终之后，随愿往生十方国土。必定不生边地下贱，何况杂形。

阿难。若诸国土州县聚落，饥荒疫疠。或复刀兵，贼难斗诤。兼余一切厄难之地。写此神咒，安城四门，并诸支提，或脱阇上。令其国土所有众生，奉迎斯咒，礼拜恭敬，一心供养。令其人民各各身佩。或各各安所居宅地。一切灾厄悉皆销灭。阿难。在在处处，国土众生，随有此咒，天龙欢喜，风雨顺时，五谷丰殷，兆庶安乐。亦复能镇一切恶星，随方变怪。灾障不起。人无横夭。杻械枷锁不著其身。昼夜安眠，常无恶梦。

阿难。是娑婆界，有八万四千灾变恶星。二十八大恶星而为上首。复有八大恶星以为其主。作种种形出现世时，能生众生种种灾异。有此咒地，悉皆销灭。十二由旬成结界地。诸恶灾祥永不能入。是故如来宣示此咒，于未来世，保护初学诸修行者，入三摩提，身心泰然，得大安隐。更无一切诸魔鬼神，及无始来冤横宿殃，旧业陈债，来相恼害。汝及众中诸有学人，及未来世诸修行者，依我坛场如法持戒，所受戒主，逢清净僧，持此咒心，不生疑悔。是善男子，于此父母所生之身，不得心通，十方如来便为妄语。

说是语已。会中无量百千金刚，一时佛前合掌顶礼，而白佛言：如佛所说。我当诚心保护如是修菩提者。尔时梵王、并天帝释、四天大王，亦于佛前同时顶礼，而白佛言：审有如是修学善人，我当尽心至诚保护，令其一生所作如愿。复有无量药叉大将，诸罗刹王、富单那王、鸠槃茶王、毗舍遮王、频那夜迦、诸大鬼王、及诸鬼帅，亦于佛前合掌顶礼。我亦誓愿护持是人，令菩提心速得圆满。复有无量日月天子，风师雨师，云师雷师，并电伯等，年岁巡官，诸星眷属，亦于会中顶礼佛足，而白佛言：我亦保护是修行人，安立道场，得无所畏。复有无量山神海神，一切土地水陆空行，万物精只，并风神王，无色界天，于如来前，同时稽首而白佛言：我亦保护是修行人，得成菩提，永无魔事。

尔时八万四千那由他恒河沙俱胝金刚藏王菩萨，在大会中，即从座起，顶礼佛足而白佛言：世尊。如我等辈，所修功业，久成菩提，不取涅槃，常随此咒，救护末世修三摩提正修行者。世尊。如是修心求正定人，若在道场及余经行，乃至散心游戏聚落，我等徒众，常当随从侍卫此人。纵令魔王大自在天，求其方便，终不可得。诸小鬼神，去此善人十由旬外。除彼发心乐修禅者。世尊。如是恶魔，若魔眷属，欲来侵扰是善人者。我以宝杵殒碎其首，犹如微尘。恒令此人，所作如愿。

阿难即从座起，顶礼佛足而白佛言：我辈愚钝，好为多闻。于诸漏心，未求出离。蒙佛慈诲，得正熏修，身心快然，获大饶益。世尊。如是修证佛三摩提，未到涅槃。云何名为干慧之地，四十四心。至何渐次，得修行目。诣何方所，名入地中。云何名为等觉菩萨。作是语已，五体投地。大众一心，伫佛慈音，瞪瞢瞻仰。

尔时世尊赞阿难言：善哉善哉。汝等乃能普为大众，及诸末世一切众生，修三摩提求大乘者，从于凡夫终大涅槃，悬示无上正修行路。汝今谛听。当为汝说。阿难大众，合掌刳心，默然受教。佛言：阿难当知。妙性圆明，离诸名相，本来无有世界众生。因妄有生。因生有灭。生灭名妄。灭妄名真。是称如来无上菩提，及大涅槃，二转依号。阿难。汝今欲修真三摩地，直诣如来大涅槃者，先当识此众生世界二颠倒因。颠倒不生，斯则如来真三摩地。

阿难。云何名为众生颠倒。阿难。由性明心，性明圆故。因明发性，性妄见生。从毕竟无成究竟有。此有所有，非因所因，住所住相，了无根本。本此无住，建立世界，及诸众生。迷本圆明，是生虚妄。妄性无体，非有所依。将欲复真，欲真已非真真如性。非真求复，宛成非相。非生非住，非心非法，展转发生。生力发明，熏以成业。同业相感。因有感业相灭相生。由是故有众生颠倒。

阿难。云何名为世界颠倒。是有所有，分段妄生，因此界立。非因所因，无住所住，迁流不住，因此世成。三世四方，和合相涉，变化众生成十二类。是故世界因动有声。因声有色。因色有香。因香有触。因触有味。因味知法。六乱妄想成业性故。十二区分由此轮转。是故世间声香味触，穷十二变为一旋复。乘此轮转颠倒相故。是有世界卵生、胎生、湿生、化生、有色、无色、有想、无想、若非有色、若非无色、若非有想、若非无想。

阿难。由因世界虚妄轮回，动颠倒故，和合气成八万四千飞沉乱想。如是故有卵羯逻蓝，流转国土。鱼鸟龟蛇，其类充塞。

由因世界杂染轮回，欲颠倒故，和合滋成八万四千横竖乱想。如是故有胎遏蒲昙，流转国土。人畜龙仙，其类充塞。

由因世界执著轮回，趣颠倒故，和合暖成八万四千翻覆乱想。如是故有湿相蔽尸，流转国土。含蠢蠕动，其类充塞。

由因世界变易轮回，假颠倒故。和合触成八万四千新故乱想。如是故有化相羯南，流转国土。转蜕飞行，其类充塞。

由因世界留碍轮回，障颠倒故，和合著成八万四千精耀乱想。如是故有色相羯南，流转国土。休咎精明，其类充塞。

由因世界销散轮回，惑颠倒故，和合暗成八万四千阴隐乱想。如是故有无色羯南，流转国土。空散销沈，其类充塞。

由因世界罔象轮回，影颠倒故，和合忆成八万四千潜结乱想。如是故有想相羯南，流转国土。神鬼精灵，其类充塞。

由因世界愚钝轮回，痴颠倒故，和合顽成八万四千枯槁乱想。如是故有无想羯南，流转国土。精神化为土木金石，其类充塞。

由因世界相待轮回，伪颠倒故，和合染成八万四千因依乱想。如是故有非有色相，成色羯南，流转国土。诸水母等，以虾为目，其类充塞。

　　由因世界相引轮回，性颠倒故，和合咒成八万四千呼召乱想。由是故有非无色相，无色羯南，流转国土。咒诅厌生，其类充塞。

　　由因世界合妄轮回，罔颠倒故，和合异成八万四千回互乱想。如是故有非有想相，成想羯南，流转国土。彼蒲卢等异质相成，其类充塞。

　　由因世界怨害轮回，杀颠倒故，和合怪成八万四千食父母想。如是故有非无想相，无想羯南，流转国土。如土枭等附块为儿，及破镜鸟以毒树果，抱为其子，子成，父母皆遭其食，其类充塞。是名众生十二种类。

卷八

　　阿难。如是众生一一类中，亦各各具十二颠倒。犹如捏目乱华发生。颠倒妙圆真净明心，具足如斯虚妄乱想。汝今修证佛三摩提，于是本因元所乱想。立三渐次，方得除灭。如净器中除去毒蜜，以诸汤水并杂灰香，洗涤其器，后贮甘露。云何名为三种渐次。一者修习，除其助因。二者真修，刳其正性。三者增进，违其现业。

　　云何助因。阿难。如是世界十二类生，不能自全，依四食住。所谓段食、触食、思食、识食。是故佛说一切众生皆依食住。阿难。一切众生，食甘故生，食毒故死。是诸众生求三摩提，当断世间五种辛菜。是五种辛，熟食发淫，生啖增恚。如是世界食辛之人，纵能宣说十二部经。十方天仙，嫌其臭秽，咸皆远离。诸饿鬼等，因彼食次，舐其唇吻。常与鬼住。福德日销。长无利益。是食辛人修三摩地，菩萨天仙，十方善神，不来守护。大力魔王得其方便，现作佛身，来为说法，非毁禁戒，赞淫怒痴。命终自为魔王眷属。受魔福尽，堕无间狱。阿难。修菩提者永断五辛。是则名为第一增进修行渐次。

　　云何正性。阿难。如是众生入三摩地，要先严持清净戒律。永断淫心。不餐酒肉。以火净食，无啖生气。阿难。是修行人，若不断淫及与杀生，出三界者，无有是处。当观淫欲，犹如毒蛇，如见怨贼。先持声闻四弃八弃，执身不动。后行菩萨清净律仪，执心不起。禁戒成就，则于世间永无相生相杀之业。偷劫不行，无相负累，亦于世间不还宿债。是清净人修三摩地，父母肉身，不须天眼，自然观见十方世界。睹佛闻法，亲奉圣旨。得大神通，游十方界。宿命清净，得无艰险。是则名为第二增进修行渐次。

　　云何现业。阿难。如是清净持禁戒人，心无贪淫，于外六尘不多流逸。因不流逸，旋元自归。尘既不缘，根无所偶。反流全一，六用不行。十方国土，皎然清净。譬如琉璃，内悬明月。身心快然，妙圆平等，获大安隐。一切如来密圆净妙，皆现其中。是人即获无生法忍。从是渐修，随所发行，安立圣位。是则名为第三增进修行渐次。

阿难。是善男子。欲爱干枯，根境不偶。现前残质，不复续生。执心虚明，纯是智慧。慧性明圆，蓥十方界。干有其慧，名干慧地。

欲习初干，未与如来法流水接。即以此心，中中流入，圆妙开敷。从真妙圆，重发真妙。

妙信常住。一切妄想灭尽无余。中道纯真。名信心住。

真信明了，一切圆通。阴处界三不能为碍。如是乃至过去未来，无数劫中，舍身受身一切习气，皆现在前。是善男子，皆能忆念，得无遗忘。名念心住。

妙圆纯真。真精发化。无始习气通一精明。唯以精明进趣真净。名精进心。

心精现前。纯以智慧。名慧心住。

执持智明。周遍寂湛。寂妙常凝。名定心住。

定光发明。明性深入。唯进无退。名不退心。

心进安然，保持不失。十方如来气分交接。名护法心。

觉明保持。能以妙力，回佛慈光，向佛安住。犹如双镜，光明相对。其中妙影重重相入。名回向心。

心光密回，获佛常凝无上妙净。安住无为，得无遗失。名戒心住。

住戒自在。能游十方，所去随愿。名愿心住。

阿难。是善男子，以真方便发此十心。心精发晖，十用涉入，圆成一心。名发心住。

心中发明，如净琉璃内现精金。以前妙心，履以成地。名治地住。

心地涉知，俱得明了。游履十方，得无留碍。名修行住。

行与佛同。受佛气分。如中阴身自求父母。阴信冥通，入如来种。名生贵住。

既游道胎，亲奉觉胤。如胎已成，人相不缺。名方便具足住。

容貌如佛。心相亦同。名正心住。

身心合成，日益增长。名不退住。

十身灵相，一时具足。名童真住。

形成出胎，亲为佛子。名法王子住。

表以成人。如国大王以诸国事分委太子。彼刹利王世子长成。陈列灌顶。名灌顶住。

阿难。是善男子成佛子已。具足无量如来妙德。十方随顺。名欢喜行。

善能利益一切众生。名饶益行。

自觉觉他，得无违拒。名无嗔恨行。

种类出生，穷未来际，三世平等，十方通达。名无尽行。

一切合同，种种法门，得无差误。名离痴乱行。

则于同中，显现群异。一一异相，各各见同。名善现行。

如是乃至十方虚空满足微尘，一一尘中现十方界。现尘现界，不相留碍。名无著行。

种种现前，咸是第一波罗密多。名尊重行。

如是圆融，能成十方诸佛轨则。名善法行。

一一皆是清净无漏，一真无为，性本然故。名真实行。

阿难。是善男子，满足神通，成佛事已。纯洁精真，远诸留患。当度众生，灭除度相。回无为心，向涅槃路。名救护一切众生离众生相回向。

坏其可坏。远离诸离。名不坏回向。

本觉湛然。觉齐佛觉。名等一切佛回向。

精真发明，地如佛地。名至一切处回向。

世界如来。互相涉入，得无挂碍。名无尽功德藏回向。

于同佛地，地中各各生清净因。依因发挥，取涅槃道。名随顺平等善根回向。

真根既成。十方众生皆我本性。性圆成就，不失众生。名随顺等观一切众生回向。

即一切法，离一切相。唯即与离，二无所著。名真如相回向。

真得所如，十方无碍。名无缚解脱回向。

性德圆成，法界量灭。名法界无量回向。

阿难。是善男子，尽是清净四十一心。次成四种妙圆加行。即以佛觉用为己心，若出未出。犹如钻火，欲然其木。名为暖地。

又以己心，成佛所履，若依非依。如登高山，身入虚空，下有微碍。名为顶地。

心佛二同，善得中道。如忍事人，非怀非出。名为忍地。

数量销灭。迷觉中道，二无所目。名世第一地。

阿难。是善男子，于大菩提善得通达，觉通如来，尽佛境界。名欢喜地。

异性入同，同性亦灭。名离垢地。

净极明生。名发光地。

明极觉满。名焰慧地。

一切同异，所不能至。名难胜地。

无为真如，性净明露。名现前地。

尽真如际。名远行地。

一真如心。名不动地。

发真如用。名善慧地。

阿难。是诸菩萨，从此已往，修习毕功，功德圆满。亦目此地，名修习位。慈阴妙云，覆涅槃海。名法云地。

如来逆流，如是菩萨顺行而至，觉际入交。名为等觉。

阿难。从干慧心至等觉已，是觉始获金刚心中初干慧地，如是重重单复十二，方尽妙觉，成无上道。

是种种地，皆以金刚观察如幻十种深喻。奢摩他中，用诸如来毗婆舍那，清净修证，渐次深入。

阿难。如是皆以三增进故，善能成就五十五位真菩提路。作是观者，名为正观。若他观者，名为邪观。

尔时文殊师利法王子，在大众中，即从座起，顶礼佛足，而白佛言：当何名是经。我及众生云何奉持。

佛告文殊师利。是经名大佛顶悉怛多般怛罗无上宝印，十方如来清净海眼。亦名救护亲因，度脱阿难，及此会中性比丘尼，得菩提心，入遍知海。亦名如来密因修证了义。亦名大方广妙莲华王，十方佛母陀罗尼咒。亦名灌顶章句，诸菩萨万行首楞严。汝当奉持。

说是语已。即时阿难及诸大众，得蒙如来开示密印般怛罗义。兼闻此经了义名目。顿悟禅那修进圣位。增上妙理，心虑虚凝。断除三界修心六品微细烦恼。即从座起，顶礼佛足，合掌恭敬而白佛言：大威德世尊。慈音无遮。善开众生微细沈惑。令我今日身心快然，得大饶益。世尊。若此妙明真净妙心，本来遍圆。如是乃至大地草木，蠕动含灵，本元真如，即是如来成佛真体。佛体真实，云何复有地狱、饿鬼、畜生、修罗、人、天、等道。世尊。此道为复本来自有。为是众生妄习生起。世尊。如宝莲香比丘尼，持菩萨戒，私行淫欲。妄言行淫非杀非偷，无有业报。发是语已，先于女根生大猛火，后于节节猛火烧然，堕无间狱。琉璃大王。善星比丘。琉璃为诛瞿昙族姓。善星妄说一切法空。生身陷入阿鼻地狱。此诸地狱，为有定处，为复自然，彼彼发业，各各私受。惟垂大慈，开发童蒙。令诸一切持戒众生，闻决定义，欢喜顶戴，谨洁无犯。

佛告阿难。快哉此问。令诸众生不入邪见。汝今谛听。当为汝说。阿难。一切众生实本真净。因彼妄见，有妄习生。因此分开内分外分。

阿难。内分即是众生分内。因诸爱染，发起妄情。情积不休，能生爱水。是故众生，心忆珍羞，口中水出。心忆前人，或怜或恨，目中泪盈。贪求财宝，心发爱涎，举体光润。心著行淫，男女二根，自然流液。阿难。诸爱虽别，流结是同。润湿不升，自然从坠。此名内分。

阿难。外分即是众生分外。因诸渴仰，发明虚想。想积不休能生胜气。是故众生，心持禁戒，举身轻清。心持咒印，顾盼雄毅。心欲生天，梦想飞举。心存佛国，圣境冥现。事善知识，自轻身命。阿难。诸想虽别，轻举是同。飞动不沈，自然超越。此名外分。

阿难。一切世间生死相续。生从顺习。死从变流。临命终时，未舍暖触，一生善恶俱时顿现，死逆生顺，二习相交。纯想即飞，必生天上。若飞心中，兼福兼慧，及与净愿，自然心开，见十方佛，一切净土，随愿往生。

情少想多，轻举非远。即为飞仙，大力鬼王、飞行夜叉、地行罗刹、游于四天，所去无碍。

其中若有善愿善心，护持我法。或护禁戒，随持戒人。或护神咒，随持咒者。或护禅定，保绥法忍。是等亲住如来座下。

情想均等，不飞不坠，生于人间。想明斯聪。情幽斯钝。

情多想少，流入横生，重为毛群，轻为羽族。

七情三想，沉下水轮，生于火际，受气猛火，身为饿鬼，常被焚烧，水能害己，无食无饮，经百千劫。

九情一想，下洞火轮，身入风火二交过地，轻生有间，重生无间，二种地狱。

纯情即沈，入阿鼻狱。

若沉心中，有谤大乘，毁佛禁戒，诳妄说法，虚贪信施，滥膺恭敬，五逆十重，更生十方阿鼻地狱。

循造恶业，虽则自招。众同分中，兼有元地。

阿难。此等皆是彼诸众生自业所感。造十习因。受六交报。

云何十因。阿难。

一者、淫习交接，发于相磨。研磨不休，如是故有大猛火光，于中发动。如人以手自相摩触，暖相现前。二习相然，故有铁床铜柱诸事。是故十方一切如来，色目行淫，同名欲火。菩萨见欲，如避火坑。

二者、贪习交计，发于相吸。吸揽不止，如是故有积寒坚冰，于中冻冽。如人以口吸缩风气，有冷触生。二习相陵，故有咤咤、波波、罗罗、青赤白莲、寒冰、等事。是故十方一切如来，色目多求，同名贪水。菩萨见贪，如避瘴海。

三者、慢习交陵，发于相恃。驰流不息，如是故有腾逸奔波，积波为水。如人口舌自相绵味，因而水发。二习相鼓，故有血河、灰河、热沙、毒海、融铜、灌吞诸事。是故十方一切如来，色目我慢，名饮痴水。菩萨见慢，如避巨溺。

四者、嗔习交冲，发于相忤。忤结不息心热发火，铸气为金。如是故有刀山、铁橛、剑树、剑轮、斧钺、钅仓锯。如人衔冤，杀气飞动。二习相击，故有宫割斩斫，剉刺槌击诸事。是故十方一切如来，色目嗔恚，名利刀剑。菩萨见嗔，如避诛戮。

五者、诈习交诱，发于相调。引起不住，如是故有绳木绞校。如水浸田。草木生长。二习相延，故有杻械枷锁鞭杖檛棒诸事。是故十方一切如来，色目奸伪，同名谗贼。菩萨见诈，如畏豺狼。

　　六者、诳习交欺，发于相罔。诬罔不止，飞心造奸。如是故有尘土屎尿，秽污不净。如尘随风，各无所见。二习相加，故有没溺腾掷，飞坠漂沦诸事。是故十方一切如来，色目欺诳，同名劫杀。菩萨见诳，如践蛇虺。

　　七者。怨习交嫌，发于衔恨。如是故有飞石投砾，匣贮车槛，瓮盛囊扑。如阴毒人，怀抱畜恶。二习相吞，故有投掷擒捉，击射抛撮诸事。是故十方一切如来，色目怨家，名违害鬼。菩萨见怨，如饮鸩酒。

　　八者、见习交明，如萨迦耶，见戒禁取，邪悟诸业，发于违拒，出生相反。如是故有王使主吏，证执文籍。如行路人，来往相见。二习相交，故有勘问权诈、考讯推鞫、察访披究、照明、善恶童子，手执文簿辞辩诸事。是故十方一切如来，色目恶见，同名见坑。菩萨见诸虚妄遍执，如入毒壑。

　　九者、枉习交加，发于诬谤。如是故有合山合石，碾硙耕磨。如谗贼人，逼枉良善。二习相排，故有押捺搥按，蹙漉衡度诸事。是故十方一切如来，色目怨谤，同名谗虎。菩萨见枉，如遭霹雳。

　　十者、讼习交諠，发于藏覆。如是故有鉴见照烛。如于日中，不能藏影。二习相陈，故有恶友、业镜、火珠、披露宿业，对验诸事。是故十方一切如来，色目覆藏，同名阴贼。菩萨观覆，如戴高山，履于巨海。

　　云何六报。阿难。一切众生六识造业。所招恶报，从六根出。

　　云何恶报从六根出。

　　一者见报招引恶果。此见业交，则临终时，先见猛火满十方界。亡者神识，飞坠乘烟，入无间狱。发明二相。一者明见，则能遍见种种恶物，生无量畏。二者暗见，寂然不见，生无量恐。如是见火。烧听，能为镬汤烊铜。烧息，能为黑烟紫焰。烧味，能为焦丸铁糜。烧触，能为热灰炉炭。烧心，能生星火迸洒，煽鼓空界。

　　二者、闻报招引恶果。此闻业交，则临终时，先见波涛没溺天地。亡者神识，降注乘流，入无间狱。发明二相。一者开听。听种种闹，精神愁乱。二者闭听，寂无所闻，幽魄沉没。如是闻波。注闻，则能为责为诘。注见，则能为雷为吼，为恶毒气。注息，则能为雨为雾，洒诸毒虫周满身体。注味，则能为脓为血，种种杂秽。注触，则能为畜为鬼，为粪为尿。注意，则能为电为雹，摧碎心魄。

　　三者嗅报招引恶果。此嗅业交，则临终时，先见毒气充塞远近。亡者神识，从地踊出，入无间狱。发明二相。一者通闻，被诸恶气熏极心扰。二者塞闻，气掩不通，闷绝于地。如是嗅气。冲息，则能为质为履。冲见，则能为火为炬。冲听，则能为没为溺，为洋为沸。冲味,则能为馁为爽。冲触,则能为绽为烂,为大肉山,有百千眼,无量咂食。冲思,则能为灰为瘴,为飞砂礰击碎身体。

四者味报招引恶果。此味业交,则临终时,先见铁网,猛焰炽烈,周覆世界。亡者神识,下透挂网,倒悬其头,入无间狱。发明二相。一者吸气,结成寒冰,冻裂身肉。二者吐气,飞为猛火,焦烂骨髓。如是尝味。历尝,则能为承为忍。历见,则能为然金石。历听,则能为利兵刃。历息,则能为大铁笼,弥覆国土。历触,则能为弓为箭,为弩为射。历思,则能为飞热铁,从空雨下。

五者触报招引恶果。此触业交,则临终时,先见大山四面来合,无复出路。亡者神识,见大铁城,火蛇火狗,虎狼师子,牛头狱卒,马头罗刹,手执鎗矛肖,驱入城门,向无间狱。发明二相。一者合触,合山逼体,骨肉血溃。二者离触,刀剑触身,心肝屠裂。如是合触。历触,则能为道为观,为厅为案。历见,则能为烧为爇。历听,则能为撞为击,为剚为射。历息,则能为括为袋,为考为缚。历尝,则能为耕为钳,为斩为截。历思,则能为坠为飞,为煎为炙。

六者思报招引恶果。此思业交,则临终时,先见恶风吹坏国土。亡者神识,被吹上空,旋落乘风,堕无间狱。发明二相。一者不觉,迷极则荒,奔走不息。二者不迷,觉知则苦,无量煎烧,痛深难忍。如是邪思。结思,则能为方为所。结见,则能为鉴为证。结听,则能为大合石,为冰为霜,为土为雾。结息,则能为大火车,火船火槛。结尝,则能为大叫唤,为悔为泣。结触,则能为大为小,为一日中万生万死,为偃为仰。

阿难。是名地狱十因六果。皆是众生迷妄所造。若诸众生,恶业圆造。入阿鼻狱,受无量苦,经无量劫。六根各造,及彼所作兼境兼根,是人则入八无间狱。身口意三,作杀盗淫,是人则入十八地狱。三业不兼,中间或为一杀一盗,是人则入三十六地狱。见见一根,单犯一业,是人则入一百八地狱。由是众生别作别造,于世界中入同分地。妄想发生,非本来有。

复次阿难。是诸众生,非破律仪,犯菩萨戒,毁佛涅槃,诸余杂业,历劫烧然,后还罪毕,受诸鬼形。

若于本因贪物为罪。是人罪毕,遇物成形,名为怪鬼。

贪色为罪。是人罪毕,遇风成形,名为魃鬼。

贪惑为罪。是人罪毕,遇畜成形,名为魅鬼。

贪恨为罪。是人罪毕,遇虫成形,名蛊毒鬼。

贪忆为罪。是人罪毕,遇衰成形,名为疠鬼。

贪傲为罪。是人罪毕,遇气成形,名为饿鬼。

贪罔为罪。是人罪毕,遇幽为形,名为魇鬼。

贪明为罪。是人罪毕,遇精为形,名魍魉鬼。

贪成为罪。是人罪毕,遇明为形,名役使鬼。

贪党为罪。是人罪毕，遇人为形，名传送鬼。

阿难。是人皆以纯情坠落，业火烧干，上出为鬼。此等皆是自妄想业之所招引。若悟菩提，则妙圆明，本无所有。

复次阿难。鬼业既尽，则情与想二俱成空。方于世间与元负人，怨对相值。身为畜生，酬其宿债。

物怪之鬼，物销报尽，生于世间，多为枭类。
风魃之鬼，风销报尽，生于世间，多为咎征，一切异类。
畜魅之鬼，畜死报尽，生于世间，多为狐类。
虫蛊之鬼，蛊灭报尽，生于世间，多为毒类。
衰疠之鬼，衰穷报尽，生于世间，多为蛔类。
受气之鬼，气销报尽，生于世间，多为食类。
绵幽之鬼，幽销报尽，生于世间，多为服类。
和精之鬼，和销报尽，生于世间，多为应类。
明灵之鬼，明灭报尽，生于世间，多为休征，一切诸类。
依人之鬼，人亡报尽，生于世间，多为循类。

阿难。是等皆以业火干枯，酬其宿债，傍为畜生。此等亦皆自虚妄业之所招引。若悟菩提，则此妄缘本无所有。如汝所言宝莲香等，及琉璃王，善星比丘。如是恶业，本自发明。非从天降。亦非地出。亦非人与。自妄所招，还自来受。菩提心中，皆为浮虚妄想凝结。

复次阿难。从是畜生酬偿先债。若彼酬者分越所酬。此等众生，还复为人，反征其剩。如彼有力兼有福德。则于人中不舍人身，酬还彼力。若无福者，还为畜生，偿彼余直。阿难当知。若用钱物，或役其力，偿足自停。如于中间，杀彼身命，或食其肉。如是乃至经微尘劫，相食相诛。犹如转轮，互为高下，无有休息。除奢摩他及佛出世，不可停寝。

汝今应知。彼枭伦者，酬足复形，生人道中，参合顽类。
彼咎征者，酬足复形，生人道中，参合愚类。
彼狐伦者，酬足复形，生人道中，参于佷类。
彼毒伦者，酬足复形，生人道中，参合庸类。
彼蛔伦者，酬足复形，生人道中，参合微类。
彼食伦者，酬足复形，生人道中，参合柔类。
彼服伦者，酬足复形，生人道中，参合劳类。
彼应伦者，酬足复形，生人道中，参于文类。
彼休征者，酬足复形，生人道中，参合明类。
彼诸循伦，酬足复形，生人道中，参于达类。

阿难。是等皆以宿债毕酬，复形人道。皆无始来业计颠倒，相生相杀。不遇如来，不闻正法，于尘劳中法尔轮转。此辈名为可怜愍者。

阿难。复有从人，不依正觉修三摩地。别修妄念，存想固形。游于山林人不及处。有十种仙。

阿难。彼诸众生，坚固服饵而不休息，食道圆成，名地行仙。

坚固草木而不休息。药道圆成，名飞行仙。

坚固金石而不休息。化道圆成，名游行仙。

坚固动止而不休息。气精圆成，名空行仙。

坚固津液而不休息。润德圆成，名天行仙。

坚固精色而不休息。吸粹圆成，名通行仙。

坚固咒禁而不休息。术法圆成，名道行仙。

坚固思念而不休息。思忆圆成，名照行仙。

坚固交遘而不休息。感应圆成，名精行仙。

坚固变化而不休息。觉悟圆成，名绝行仙。

阿难。是等皆于人中炼心，不修正觉。别得生理，寿千万岁。休止深山或大海岛，绝于人境。斯亦轮回妄想流转。不修三昧。报尽还来，散入诸趣。

阿难。诸世间人，不求常住。未能舍诸妻妾恩爱。于邪淫中，心不流逸。澄莹生明。命终之后，邻于日月。如是一类，名四天王天。

于己妻房，淫爱微薄。于净居时，不得全味。命终之后，超日月明，居人间顶。如是一类，名忉利天。

逢欲暂交，去无思忆。于人间世，动少静多。命终之后，于虚空中朗然安住。日月光明，上照不及。是诸人等自有光明。如是一类，名须焰摩天。

一切时静。有应触来，未能违戾。命终之后，上升精微，不接下界诸人天境。乃至劫坏，三灾不及。如是一类，名兜率陀天。

我无欲心，应汝行事。于横陈时，味如嚼蜡。命终之后，生越化地。如是一类，名乐变化天。

无世间心，同世行事。于行事交，了然超越。命终之后，遍能出超化无化境。如是一类，名他化自在天。

阿难。如是六天，形虽出动，心迹尚交。自此已还，名为欲界。

卷九

阿难。世间一切所修心人，不假禅那，无有智慧。但能执身不行淫欲。若行若坐，想念俱无。爱染不生，无留欲界。是人应念身为梵侣。如是一类，名梵众天。

欲习既除，离欲心现。于诸律仪，爱乐随顺。是人应时能行梵德。如是一类，名梵辅天。

身心妙圆，威仪不缺。清净禁戒，加以明悟。是人应时能统梵众，为大梵王。如是一类，名大梵天。

阿难。此三胜流，一切苦恼所不能逼。虽非正修真三摩地。清净心中，诸漏不动。名为初禅。

阿难。其次梵天，统摄梵人，圆满梵行。澄心不动，寂湛生光。如是一类，名少光天。

光光相然，照耀无尽，映十方界，遍成琉璃，如是一类，名无量光天。

吸持圆光，成就教体。发化清净，应用无尽。如是一类，名光音天。

阿难。此三胜流，一切忧悬所不能逼。虽非正修真三摩地。清净心中，粗漏已伏。名为二禅。

阿难。如是天人，圆光成音，披音露妙，发成精行，通寂灭乐。如是一类，名少净天。

净空现前，引发无际，身心轻安，成寂灭乐。如是一类，名无量净天。

世界身心，一切圆净，净德成就，胜託现前，归寂灭乐。如是一类，名遍净天。

阿难。此三胜流，具大随顺，身心安隐，得无量乐。虽非正得真三摩地。安隐心中，欢喜毕具。名为三禅。

阿难。复次天人，不逼身心，苦因已尽。乐非常住，久必坏生。苦乐二心，俱时顿舍。粗重相灭，净福性生。如是一类，名福生天。

舍心圆融，胜解清净。福无遮中，得妙随顺，穷未来际。如是一类，名福爱天。

阿难。从是天中，有二歧路。

若于先心，无量净光，福德圆明，修证而住。如是一类，名广果天。

若于先心，双厌苦乐，精研舍心，相续不断。圆穷舍道，身心俱灭。心虑灰凝，经五百劫。是人既以生灭为因。不能发明不生灭性。初半劫灭。后半劫生。如是一类，名无想天。

阿难。此四胜流，一切世间诸苦乐境所不能动。虽非无为真不动地。有所得心，功用纯熟。名为四禅。

阿难。此中复有五不还天。于下界中九品习气，俱时灭尽。苦乐双忘。下无卜居。故于舍心众同分中，安立居处。

阿难。苦乐两灭，斗心不交。如是一类，名无烦天。

机括独行，研交无地。如是一类，名无热天。

十方世界，妙见圆澄，更无尘象一切沈垢。如是一类，名善见天。

精见现前，陶铸无碍。如是一类，名善现天。

究竟群几，穷色性性，入无边际。如是一类，名色究竟天。

阿难。此不还天，彼诸四禅四位天王，独有钦闻，不能知见。如今世间旷野深山，圣道场地，皆阿罗汉所住持故，世间粗人所不能见。

阿难。是十八天，独行无交，未尽形累。自此已还，名为色界。

复次阿难。从是有顶色边际中，其间复有二种歧路。

若于舍心，发明智慧，慧光圆通，便出尘界，成阿罗汉，入菩萨乘。如是一类，名为回心大阿罗汉。

若在舍心，舍厌成就。觉身为碍，销碍入空。如是一类，名为空处。

诸碍既销，无碍无灭。其中唯留阿赖耶识。全于末那半分微细。如是一类，名为识处。

空色既亡，识心都灭。十方寂然，迥无攸往。如是一类，名无所有处。

识性不动，以灭穷研，于无尽中发宣尽性。如存不存。若尽非尽。如是一类，名为非想非非想处。

此等穷空，不尽空理。从不还天圣道穷者，如是一类，名不回心钝阿罗汉。若从无想诸外道天，穷空不归，迷漏无闻，便入轮转。

阿难。是诸天上各各天人，则是凡夫业果酬答，答尽入轮。彼之天王，即是菩萨游三摩提，渐次增进，回向圣伦所修行路。阿难。是四空天，身心灭尽，定性现前，无业果色。从此逮终，名无色界。

此皆不了妙觉明心。积妄发生，妄有三界。中间妄随七趣沉溺。补特伽罗各从其类。

复次阿难。是三界中，复有四种阿修罗类。若于鬼道以护法力，乘通入空。此阿修罗从卵而生，鬼趣所摄。若于天中降德贬坠，其所卜居邻于日月。此阿修罗从胎而出，人趣所摄。有修罗王执持世界，力洞无畏，能与梵王及天帝释四天争权。此阿修罗因变化有，天趣所摄。阿难。别有一分下劣修罗。生大海心，沉水穴口，旦游虚空，暮归水宿，此阿修罗因湿气有，畜生趣摄。

阿难。如是地狱、饿鬼、畜生、人及神仙、天泊修罗。精研七趣，皆是昏沉诸有为相。妄想受生。妄想随业。于妙圆明无作本心，皆如空华，元无所著。但一虚妄，更无根绪。

阿难。此等众生，不识本心，受此轮回，经无量劫，不得真净，皆由随顺杀盗淫故。反此三种。又则出生无杀盗淫。有名鬼伦。无名天趣。有无相倾，起轮回性。若得妙发三摩提者，则妙常寂。有无二无，无二亦灭。尚无不杀不偷不淫。云何更随杀盗淫事。

阿难。不断三业，各各有私。因各各私。众私同分，非无定处。自妄发生，生妄无因，无可寻究。汝勖修行，欲得菩提，要除三惑。不尽三惑，纵得神通，皆是世间有为功用。习气不灭，落于魔道。虽欲除妄，倍加虚伪。如来说为可哀怜者。汝妄自造。非菩提咎。作是说者，名为正说。若他说者，即魔王说。

即时如来将罢法座。于师子床，揽七宝几，回紫金山，再来凭倚。普告大众及阿难言：汝等有学缘觉声闻，今日回心趣大菩提无上妙觉。吾今已说真修行法。汝犹未识.修奢摩他.毗婆舍那.微细魔事。魔境现前，汝不能识。洗心非正，落于邪见。或汝阴魔。或复天魔。或著鬼神。或遭魑魅。心中不明，认贼为子。又复于中得少为足。如第四禅无闻比丘，妄言证圣。天报已毕，衰相现前。谤阿罗汉身遭后有，堕阿鼻狱。汝应谛听。吾今为汝子细分别。

阿难起立，并其会中同有学者，欢喜顶礼，伏听慈诲。

佛告阿难及诸大众。汝等当知。有漏世界十二类生，本觉妙明觉圆心体，与十方佛无二无别。由汝妄想迷理为咎，痴爱发生。生发遍迷，故有空性。化迷不息，有世界生。则此十方微尘国土，非无漏者，皆是迷顽妄想安立。当知虚空生汝心内，犹如片云点太清里。况诸世界在虚空耶。汝等一人发真归元，此十方空皆悉销殒。云何空中所有国土而不振裂。汝辈修禅饰三摩地。十方菩萨，及诸无漏大阿罗汉，心精通㳷，当处湛然。一切魔王及与鬼神诸凡夫天，见其宫殿无故崩裂。大地振坼水陆飞腾，无不惊慑。凡夫昏暗，不觉迁讹。彼等咸得五种神通，唯除漏尽，恋此尘劳。如何令汝摧裂其处。是故鬼神，及诸天魔，魍魉妖精，于三昧时，佥来恼汝。然彼诸魔虽有大怒。彼尘劳内。汝妙觉中。如风吹光，如刀断水，了不相触。汝如沸汤，彼如坚冰，暖气渐邻，不日销殒。徒恃神力，但为其客。成就破乱，由汝心中五阴主人。主人若迷，客得其便。当处禅那，觉悟无惑。则彼魔事无奈汝何。阴销入明，则彼群邪咸受幽气。明能破暗，近自销殒。如何敢留，扰乱禅定。若不明悟，被阴所迷。则汝阿难必为魔子，成就魔人。如摩登伽，殊为眇劣。彼唯咒汝，破佛律仪。八万行中，只毁一戒。心清净故，尚未沦溺。此乃隳汝宝觉全身。如宰臣家，忽逢籍没。宛转零落，无可哀救。

阿难当知。汝坐道场，销落诸念。其念若尽，则诸离念一切精明。动静不移。忆忘如一。当住此处入三摩提。如明目人，处大幽暗，精性妙净，心未发光。此则名为色阴区宇。若目明朗，十方洞开，无复幽黯，名色阴尽。是人则能超越劫浊。观其所由，坚固妄想以为其本。

阿难。当在此中精研妙明，四大不织，少选之间，身能出碍。此名精明流溢前境。斯但功用，暂得如是，非为圣证。不作圣心，名善境界。若作圣解，即受群邪。

阿难。复以此心精研妙明，其身内彻。是人忽然于其身内，拾出蛲蛔。身相宛然，亦无伤毁。此名精明流溢形体。斯但精行暂得如是，非为圣证。不作圣心，名善境界。若作圣解，即受群邪。

又以此心内外精研。其时魂魄意志精神，除执受身，余皆涉入，互为宾主。忽于空中闻说法声。或闻十方同敷密义。此名精魄递相离合，成就善种。暂得如是，非为圣证。不作圣心，名善境界。若作圣解，即受群邪。

又以此心澄露皎彻，内光发明。十方遍作阎浮檀色。一切种类化为如来。于时忽见毗卢遮那，踞天光台，千佛围绕，百亿国土及与莲华，俱时出现。此名心魂灵悟所染，心光研明，照诸世界。暂得如是，非为圣证。不作圣心，名善境界。若作圣解，即受群邪。

又以此心精研妙明，观察不停，抑按降伏，制止超越。于时忽然十方虚空，成七宝色，或百宝色。同时遍满，不相留碍。青黄赤白，各各纯现。此名抑按功力逾分。暂得如是，非为圣证。不作圣心，名善境界。若作圣解，即受群邪。

又以此心研究澄彻，精光不乱。忽于夜半，在暗室内，见种种物，不殊白昼。而暗室物，亦不除灭。此名心细，密澄其见，所视洞幽。暂得如是，非为圣证。不作圣心，名善境界。若作圣解，即受群邪。

又以此心圆入虚融，四体忽然同于草木，火烧刀斫，曾无所觉。又则火光不能烧爇。纵割其肉，犹如削木。此名尘并，排四大性，一向入纯。暂得如是，非为圣证。不作圣心，名善境界。若作圣解，即受群邪。

又以此心成就清净，净心功极，忽见大地十方山河皆成佛国，具足七宝，光明遍满。又见恒沙诸佛如来遍满空界，楼殿华丽。下见地狱，上观天宫，得无障碍。此名欣厌凝想日深，想久化成。非为圣证。不作圣心，名善境界。若作圣解，即受群邪。

又以此心研究深远。忽于中夜，遥见远方市井街巷，亲族眷属，或闻其语。此名迫心逼极飞出，故多隔见。非为圣证。不作圣心，名善境界。若作圣解，即受群邪。

又以此心研究精极。见善知识，形体变移。少选无端种种迁改。此名邪心含受魑魅。或遭天魔入其心腹。无端说法，通达妙义。非为圣证。不作圣心，魔事销歇。若作圣解，即受群邪。

阿难。如是十种禅那现境，皆是色阴用心交互，故现斯事。众生顽迷，不自忖量。逢此因缘，迷不自识，谓言登圣。大妄语成，堕无间狱。汝等当依如来灭后，于末法中宣示斯义。无令天魔得其方便。保持覆护，成无上道。

阿难。彼善男子，修三摩提奢摩他中色阴尽者，见诸佛心，如明镜中显现其像。若有所得而未能用。犹如魇人，手足宛然，见闻不惑，心触客邪而不能动。此则名为受阴区宇。若魇咎歇，其心离身，返观其面，去住自由，无复留碍，名受阴尽。是人则能超越见浊。观其所由，虚明妄想以为其本。

阿难。彼善男子，当在此中得大光耀。其心发明，内抑过分。忽于其处发无穷悲。如是乃至观见蚊虻，犹如赤子，心生怜愍，不觉流泪。此名功用抑摧过越。悟则无咎，非为圣证。觉了不迷，久自销歇。若作圣解，则有悲魔入其心腑。见人则悲，啼泣无限。失于正受，当从沦坠。

阿难。又彼定中诸善男子，见色阴销，受阴明白。胜相现前，感激过分。忽于其中生无限勇。其心猛利，志齐诸佛。谓三僧祇，一念能越。此名功用陵率过越。悟则无咎，非为圣证。觉了不迷，久自销歇。若作圣解，则有狂魔入其心腑。见人则夸，我慢无比。其心乃至上不见佛，下不见人。失于正受，当从沦坠。

又彼定中诸善男子，见色阴销，受阴明白。前无新证，归失故居。智力衰微，入中隳地，迥无所见。心中忽然生大枯渴。于一切时沈忆不散。将此以为勤精进相。此名修心无慧自失。悟则无咎，非为圣证。若作圣解，则有忆魔入其心腑。旦夕撮心，悬在一处。失于正受，当从沦坠。

又彼定中诸善男子，见色阴销，受阴明白。慧力过定，失于猛利。以诸胜性怀于心中，自心已疑是卢舍那，得少为足。此名用心亡失恒审，溺于知见。悟则无咎，非为圣证。若作圣解，则有下劣易知足魔，入其心腑。见人自言我得无上第一义谛。失于正受，当从沦坠。

又彼定中诸善男子，见色阴销，受阴明白。新证未获，故心已亡。历览二际，自生艰险。于心忽然生无尽忧。如坐铁床，如饮毒药，心不欲活。常求于人令害其命，早取解脱。此名修行失于方便。悟则无咎，非为圣证。若作圣解，则有一分常忧愁魔，入其心腑。手执刀剑，自割其肉，欣其舍寿。或常忧愁，走入山林，不耐见人。失于正受，当从沦坠。

又彼定中诸善男子，见色阴销，受阴明白。处清净中，心安隐后，忽然自有无限喜生。心中欢悦，不能自止。此名轻安无慧自禁。悟则无咎，非为圣证。若作圣解，则有一分好喜乐魔，入其心腑。见人则笑。于衢路傍自歌自舞。自谓已得无碍解脱。失于正受，当从沦坠。

又彼定中诸善男子，见色阴销，受阴明白。自谓已足，忽有无端大我慢起。如是乃至慢与过慢，及慢过慢，或增上慢，或卑劣慢，一时俱发。心中尚轻十方如来。何况下位声闻缘觉。此名见胜无慧自救。悟则无咎，非为圣证。若作圣解，则有一分大我慢魔，入其心腑。不礼塔庙，摧毁经像。谓檀越言，此是金铜，或是土木。经是树叶，或是氎华。肉身真常，不自恭敬，却崇土木，实为颠倒。其深信者，从其毁碎，埋弃地中。疑误众生入无间狱。失于正受，当从沦坠。

又彼定中诸善男子，见色阴销，受阴明白。于精明中，圆悟精理，得大随顺。其心忽生无量轻安。已言成圣得大自在。此名因慧获诸轻清。悟则无咎，非为圣证。若作圣解，则有一分好轻清魔，入其心腑。自谓满足，更不求进。此等多作无闻比丘。疑误众生，堕阿鼻狱。失于正受，当从沦坠。

又彼定中诸善男子，见色阴销，受阴明白。于明悟中得虚明性。其中忽然归向永灭。拨无因果，一向入空。空心现前，乃至心生长断灭解。悟则无咎，非为圣证。若作圣解，则有空魔入其心腑。乃谤持戒，名为小乘。菩萨悟空，有何持犯。其人常于信心檀越，饮酒啖肉，广行淫秽。因魔力故，摄其前人不生疑谤。鬼心久入，或食屎尿与酒肉等。一种俱空，破佛律仪，误入人罪。失于正受，当从沦坠。

又彼定中诸善男子，见色阴销，受阴明白。味其虚明深入心骨。其心忽有无限爱生。爱极发狂，便为贪欲。此名定境安顺入心，无慧自持，误入诸欲。悟则无咎，非为圣证。若作圣解，则有欲魔入其心腑。一向说欲为菩提道。化诸白衣平等行欲。其行淫者，名持法子。神鬼力故，于末世中摄其凡愚，其数至百。如是乃至一百二百，或五六百多满千万。魔心生厌，离其身体。威德既无，陷于王难。疑误众生，入无间狱。失于正受，当从沦坠。

阿难。如是十种禅那现境，皆是受阴用心交互，故现斯事。众生顽迷，不自忖量。逢此因缘，迷不自识，谓言登圣。大妄语成，堕无间狱。汝等亦当将如来语，于我灭后传示末法。遍令众生开悟斯义。无令天魔得其方便。保持覆护，成无上道。

阿难。彼善男子修三摩提受阴尽者，虽未漏尽，心离其形，如鸟出笼，已能成就，从是凡身上历菩萨六十圣位。得意生身，随往无碍。譬如有人，熟寐寱言。是人虽则无别所知。其言已成音韵伦次。令不寐者，咸悟其语。此则名为想阴区宇。若动念尽，浮想销除。于觉明心，如去尘垢。一伦生死，首尾圆照，名想阴尽。是人则能超烦恼浊。观其所由，融通妄想以为其本。

阿难。彼善男子受阴虚妙，不遭邪虑，圆定发明。三摩地中，心爱圆明，锐其精思贪求善巧。尔时天魔候得其便，飞精附人，口说经法。其人不觉是其魔著，自言谓得无上涅槃。来彼求巧善男子处，敷座说法。其形斯须，或作比丘，令彼人见。或为帝释。或为妇女。或比丘尼。或寝暗室身有光明。是人愚迷，惑为菩萨。信其教化，摇荡其心。破佛律仪，潜行贪欲。口中好言灾祥变异。或言如来某处出世。或言劫火。或说刀兵。恐怖于人。令其家资，无故耗散。此名怪鬼年老成魔，恼乱是人。厌足心生，去彼人体。弟子与师，俱陷王难。汝当先觉，不入轮回。迷惑不知，堕无间狱。

阿难。又善男子，受阴虚妙，不遭邪虑，圆定发明。三摩地中，心爱游荡，飞其精思，贪求经历。尔时天魔候得其便，飞精附人，口说经法。其人亦不觉知魔著，亦言自得无上涅槃。来彼求游善男子处，敷座说法。自形无变。其听法者，忽自见身坐宝莲华，全体化成紫金光聚。一众听人，各各如是，得未曾有。是人愚迷，惑为菩萨。淫逸其心，破佛律仪，潜行贪欲。口中好言诸佛应世。某处某人，当是某佛化身来此。某人即是某菩萨等，来化人间。其人见故，心生倾渴，邪见密兴，种智销灭。此名魃鬼年老成魔，恼乱是人。厌足心生，去彼人体。弟子与师，俱陷王难。汝当先觉，不入轮回。迷惑不知，堕无间狱。

又善男子，受阴虚妙，不遭邪虑，圆定发明。三摩地中，心爱绵㳰，澄其精思，贪求契合。尔时天魔候得其便，飞精附人，口说经法。其人实不觉知魔著，亦言自得无上涅槃。来彼求合善男子处，敷座说法。其形及彼听法之人，外无迁变。令其听者，未闻法前，心自开悟。念念移易。或得宿命。或有他心。或见地狱。或知人间好恶诸事。或口说偈。或自诵经。各各欢娱，得未曾有。是人愚迷，惑为菩萨。绵爱其心，破佛律仪，潜行贪欲。口中好言佛有大小，某佛先佛，某佛后佛。其中亦有真佛假佛，男佛女佛。菩萨亦然。其人见故，洗涤本心，易入邪悟。此名魅鬼年老成魔，恼乱是人。厌足心生，去彼人体。弟子与师，俱陷王难。汝当先觉，不入轮回。迷惑不知，堕无间狱。

又善男子，受阴虚妙，不遭邪虑，圆定发明。三摩地中，心爱根本，穷览物化，性之终始，精爽其心，贪求辨析。尔时天魔候得其便，飞精附人，口说经法。其人先不觉知魔著，亦言自得无上涅槃。来彼求元善男子处，敷座说法。身有威神，摧伏求者。令其座下，虽未闻法，自然心伏。是诸人等，将佛涅槃菩提法身，即是现前我肉身上。父父子子，递代相生，即是法身常住不绝。都指现在即为佛国。无别净居及金色相。其人信受，亡失先心。身命归依，得未曾有。是等愚迷，惑为菩萨。推究其心，破佛律仪，潜行贪欲。口中好言眼耳鼻舌，皆为净土。男女二根，即是菩提涅槃真处。彼无知者，信是秽言。此名蛊毒魇胜恶鬼，年老成魔，恼乱是人。厌足心生，去彼人体。弟子与师，俱陷王难。汝当先觉，不入轮回。迷惑不知，堕无间狱。

又善男子，受阴虚妙，不遭邪虑，圆定发明。三摩地中，心爱悬应，周流精研，贪求冥感。尔时天魔候得其便，飞精附人，口说经法。其人元不觉知魔著，亦言自得无上涅槃。来彼求应善男子处，敷座说法。能令听众，暂见其身如百千岁。心生爱染，不能舍离。身为奴仆，四事供养，不觉疲劳。各各令其座下人心，知是先师本善知识，别生法爱，黏如胶漆，得未曾有。是人愚迷，惑为菩萨。亲近其心，破佛律仪，潜行贪欲。口中好言，我于前世于某生中，先度某人。当时是我妻妾兄弟，今来相度。与汝相随归某世界，供养某佛。或言别有大光明天，佛于中住，一切如来所休居地。彼无知者，信是虚诳，遗失本心。此名疠鬼年老成魔，恼乱是人。厌足心生，去彼人体。弟子与师，俱陷王难。汝当先觉，不入轮回。迷惑不知，堕无间狱。

又善男子，受阴虚妙，不遭邪虑，圆定发明。三摩地中，心爱深入。克己辛勤，乐处阴寂，贪求静谧。尔时天魔候得其便，飞精附人，口说经法。其人本不觉知魔著，亦言自得无上涅槃。来彼求阴善男子处，敷座说法。令其听人，各知本业。或于其处语一人言，汝今未死，已作畜生。敕使一人，于后蹋尾，顿令其人，起不能得。于是一众倾心钦伏。有人起心，已知其肇。佛律仪外，重加精苦。诽谤比丘，骂詈徒众。讦露人事，不避讥嫌。口中好言未然祸福。及至其时，毫发无失。此大力鬼年老成魔，恼乱是人。厌足心生，去彼人体。弟子与师，俱陷王难。汝当先觉，不入轮回。迷惑不知，堕无间狱。

又善男子，受阴虚妙，不遭邪虑，圆定发明。三摩地中，心爱知见，勤苦研寻，贪求宿命。尔时天魔候得其便，飞精附人，口说经法。其人殊不觉知魔著，亦言自得无上涅槃。来彼求知善男子处，敷座说法。是人无端于说法处，得大宝珠，其魔或时化为畜生，口衔其珠，及杂珍宝.简册符牍.诸奇异物，先授彼人，后著其体。或诱听人藏于地下，有明月珠照耀其处。是诸听者，得未曾有。多食药草，不餐嘉馔。或时日餐一麻一麦，其形肥充，魔力持故。诽谤比丘，骂詈徒众，不避讥嫌。口中好言他方宝藏，十方圣贤潜匿之处。随其后者，往往见有奇异之人。此名.山林.土地.城隍.川岳鬼神，年老成魔。或有宣淫破佛戒律，与承事者潜行五欲。或有精进纯食草木。无定行事，恼乱是人。厌足心生，去彼人体。弟子与师，多陷王难。汝当先觉，不入轮回。迷惑不知，堕无间狱。

又善男子，受阴虚妙，不遭邪虑，圆定发明。三摩地中，心爱神通，种种变化，研究化元，贪取神力。尔时天魔候得其便，飞精附人，口说经法。其人诚不觉知魔著，亦言自得无上涅槃。来彼求通善男子处，敷座说法。是人或复手执火光，手撮其光，分于所听四众头上。是诸听人顶上火光，皆长数尺，亦无热性，曾不焚烧。或水上行，如履平地。或于空中安坐不动。或入瓶内。或处囊中。越牖透垣，曾无障碍。唯于刀兵不得自在。自言是佛。身著白衣，受比丘礼。诽谤禅律，骂詈徒众。讦露人事，不避讥嫌。口中常说神通自在。或复令人傍见佛土。鬼力惑人，非有真实。赞叹行淫，不毁粗行。将诸猥媟，以为传法。此名天地大力山精.海精.风精.河精.土精，一切草木积劫精魅。或复龙魅。或寿终仙，再活为魅。或仙期终，计年应死，其形不化，他怪所附。年老成魔，恼乱是人。厌足心生，去彼人体。弟子与师，多陷王难。汝当先觉，不入轮回。迷惑不知，堕无间狱。

又善男子，受阴虚妙，不遭邪虑，圆定发明。三摩地中，心爱入灭，研究化性，贪求深空。尔时天魔候得其便，飞精附人，口说经法。其人终不觉知魔著，亦言自得无上涅槃。来彼求空善男子处，敷座说法。于大众内，其形忽空，众无所见。还从虚空突然而出，存没自在。或现其身洞如琉璃。或垂手足作旃檀气。或大小便如厚石蜜。诽毁戒律，轻贱出家。口中常说无因无果。一死永灭，无复后身，及诸凡圣。虽得空寂，潜行贪欲。受其欲者，亦得空心，拨无因果。此名日月薄蚀精气，金玉芝草，麟凤龟鹤，经千万年不死为灵，出生国土。年老成魔，恼乱是人。厌足心生，去彼人体。弟子与师，多陷王难。汝当先觉，不入轮回。迷惑不知，堕无间狱。

又善男子，受阴虚妙，不遭邪虑，圆定发明。三摩地中，心爱长寿，辛苦研几，贪求永岁，弃分段生，顿希变易细相常住。尔时天魔候得其便，飞精附人，口说经法。其人竟不觉知魔著，亦言自得无上涅槃。来彼求生善男子处，敷座说法。好言他方往还无滞。或经万里，瞬息再来。皆于彼方取得其物。或于一处，在一宅中，数步之间，令其从东诣至西壁。是人急行，累年不到。因此心信，疑佛现前。口中常说，十方众生．皆是吾子。我生诸佛。我出世界。我是元佛，出世自然，不因修得。此名住世自在天魔，使其眷属，如遮文茶，及四天王毗舍童子，未发心者，利其虚明，食彼精气。或不因师，其修行人亲自观见，称执金刚与汝长命。现美女身，盛行贪欲。未逾年岁，肝脑枯竭。口兼独言，听若妖魅。前人未详，多陷王难。未及遇刑，先已干死。恼乱彼人，以至殂殒。汝当先觉，不入轮回。迷惑不知，堕无间狱。

阿难当知。是十种魔，于末世时，在我法中出家修道。或附人体。或自现形。皆言已成正遍知觉。赞叹淫欲，破佛律仪。先恶魔师，与魔弟子，淫淫相传。如是邪精魅其心腑。近则九生。多踰百世。令真修行，总为魔眷。命终之后，必为魔民。失正遍知，堕无间狱。汝今未须先取寂灭。纵得无学，留愿入彼末法之中，起大慈悲，救度正心深信众生，令不著魔，得正知见。我今度汝已出生死。汝遵佛语，名报佛恩。阿难。如是十种禅那现境，皆是想阴用心交互，故现斯事。众生顽迷，不自忖量。逢此因缘，迷不自识，谓言登圣。大妄语成，堕无间狱。汝等必须将如来语，于我灭后，传示末法。遍令众生，开悟斯义。无令天魔得其方便。保持覆护，成无上道。

卷十

阿难。彼善男子，修三摩提想阴尽者。是人平常梦想销灭，寤寐恒一。觉明虚静，犹如晴空。无复粗重前尘影事。观诸世间大地山河，如镜鉴明，来无所黏，过无踪迹。虚受照应，了罔陈习，唯一精真。生灭根元，从此披露。见诸十方十二众生，毕殚其类。虽未通其各命由绪。见同生基，犹如野马熠熠清扰，为浮根尘究竟枢穴，此则名为行阴区宇。若此清扰熠熠元性，性入元澄，一澄元习，如波澜灭，化为澄水，名行阴尽。是人则能超众生浊。观其所由，幽隐妄想以为其本。

阿难当知。是得正知奢摩他中诸善男子，凝明正心，十类天魔不得其便。方得精研穷生类本。于本类中生元露者，观彼幽清圆扰动元。于圆元中起计度者，是人坠入二无因论。

一者、是人见本无因。何以故？是人既得生机全破。乘于眼根八百功德，见八万劫所有众生，业流湾环，死此生彼。只见众生轮回其处。八万劫外，冥无所观。便作是解，此等世间十方众生，八万劫来，无因自有。由此计度，亡正遍知，堕落外道，惑菩提性。

二者、是人见末无因。何以故？是人于生既见其根。知人生人。悟鸟生鸟。乌从来黑。鹄从来白。人天本竖。畜生本横。白非洗成。黑非染造。从八万劫无复改移。今尽此形，亦复如是。而我本来不见菩提。云何更有成菩提事。当知今日一切物象，皆本无因。由此计度，亡正遍知，堕落外道，惑菩提性。

是则名为第一外道，立无因论。

阿难。是三摩中诸善男子，凝明正心，魔不得便，穷生类本，观彼幽清常扰动元。于圆常中起计度者，是人坠入四遍常论。

一者、是人穷心境性，二处无因。修习能知二万劫中，十方众生，所有生灭，咸皆循环，不曾散失，计以为常。

二者、是人穷四大元，四性常住。修习能知四万劫中，十方众生，所有生灭，咸皆体恒，不曾散失，计以为常。

三者、是人穷尽六根末那执受，心意识中本元由处，性常恒故。修习能知八万劫中，一切众生，循环不失，本来常住。穷不失性，计以为常。

四者、是人既尽想元，生理更无流止运转，生灭想心，今已永灭。理中自然成不生灭。因心所度，计以为常。

由此计常，亡正遍知，堕落外道，惑菩提性。是则名为第二外道，立圆常论。

又三摩中诸善男子，坚凝正心，魔不得便，穷生类本，观彼幽清常扰动元。于自他中起计度者，是人坠入四颠倒见，一分无常，一分常论。

一者、是人观妙明心遍十方界，湛然以为究竟神我。从是则计我遍十方，凝明不动。一切众生，于我心中自生自死。则我心性名之为常。彼生灭者，真无常性。

二者、是人不观其心，遍观十方恒沙国土。见劫坏处，名为究竟无常种性。劫不坏处，名究竟常。

三者、是人别观我心，精细微密，犹如微尘。流转十方，性无移改。能令此身即生即灭。其不坏性，名我性常。一切死生，从我流出，名无常性。

四者、是人知想阴尽，见行阴流。行阴常流，计为常性。色受想等，今已灭尽，名为无常。

由此计度一分无常一分常故，堕落外道，惑菩提性。是则名为第三外道，一分常论。

又三摩中诸善男子，坚凝正心，魔不得便，穷生类本，观彼幽清常扰动元。于分位中生计度者，是人坠入四有边论。

一者、是人心计生元，流用不息。计过未者，名为有边。计相续心，名为无边。

二者、是人观八万劫，则见众生。八万劫前，寂无闻见。无闻见处，名为无边。有众生处，名为有边。

三者、是人计我遍知，得无边性。彼一切人现我知中。我曾不知彼之知性。名彼不得无边之心。但有边性。

四者、是人穷行阴空。以其所见心路筹度，一切众生一身之中，计其咸皆半生半灭。明其世界一切所有，一半有边，一半无边。

由此计度有边无边，堕落外道，惑菩提性。是则名为第四外道，立有边论。

又三摩中诸善男子，坚凝正心，魔不得便，穷生类本，观彼幽清常扰动元。于知见中生计度者，是人坠入四种颠倒，不死矫乱，遍计虚论。

一者、是人观变化元。见迁流处，名之为变。见相续处，名之为恒。见所见处，名之为生。不见见处，名之为灭。相续之因，性不断处，名之为增。正相续中，中所离处，名之为减。各各生处，名之为有。互互亡处，名之为无。以理都观，用心别见。有求法人，来问其义。答言：我今亦生亦灭。亦有亦无。亦增亦减。于一切时皆乱其语。令彼前人遗失章句。

二者、是人谛观其心，互互无处，因无得证。有人来问，唯答一字，但言其无。除无之余，无所言说。

三者、是人谛观其心，各各有处，因有得证。有人来问，唯答一字，但言其是。除是之余，无所言说。

四者、是人有无俱见，其境枝故，其心亦乱。有人来问，答言：亦有即是亦无。亦无之中，不是亦有。一切矫乱，无容穷诘。

由此计度，矫乱虚无，堕落外道，惑菩提性。是则名为第五外道。四颠倒性，不死矫乱，遍计虚论。

又三摩中诸善男子，坚凝正心，魔不得便，穷生类本，观彼幽清常扰动元。于无尽流生计度者，是人坠入.死后有相发心颠倒。或自固身，云色是我。或见我圆，含遍国土，云我有色。或彼前缘随我回复，云色属我。或复我依行中相续，云我在色。皆计度言死后有相。如是循环，有十六相。从此或计毕竟烦恼，毕竟菩提，两性并驱，各不相触。由此计度死后有故，堕落外道，惑菩提性。是则名为第六外道，立五阴中，死后有相，心颠倒论。

又三摩中诸善男子，坚凝正心，魔不得便，穷生类本，观彼幽清常扰动元。于先除灭色受想中，生计度者，是人坠入死后无相，发心颠倒。见其色灭，形无所因。观其想灭，心无所系。知其受灭，无复连缀。阴性销散，纵有生理，而无受想，与草木同。此质现前犹不可得。死后云何更有诸相。因之勘校死后相无。如是循环，有八无相。从此或计涅槃因果，一切皆空。徒有名字，究竟断灭。由此计度死后无故，堕落外道，惑菩提性。是则名为第七外道，立五阴中，死后无相，心颠倒论。

又三摩中诸善男子，坚凝正心，魔不得便，穷生类本，观彼幽清常扰动元。于行存中，兼受想灭，双计有无，自体相破，是人坠入死后俱非，起颠倒论。色受想中，见有非有。行迁流内，观无不无。如是循环，穷尽阴界，八俱非相。随得一缘，皆言死后有相无相。又计诸行.性迁讹故，心发通悟。有无俱非，虚实失措。由此计度死后俱非，后际昏瞢，无可道故，堕落外道，惑菩提性。是则名为第八外道，立五阴中，死后俱非，心颠倒论。

又三摩中诸善男子，坚凝正心，魔不得便，穷生类本，观彼幽清常扰动元。于后后无，生计度者，是人坠入七断灭论。或计身灭。或欲尽灭。或苦尽灭。或极乐灭。或极舍灭。如是循环，穷尽七际，现前销灭，灭已无复。由此计度死后断灭，堕落外道，惑菩提性。是则名为第九外道，立五阴中死后断灭，心颠倒论。

又三摩中诸善男子，坚凝正心，魔不得便，穷生类本，观彼幽清常扰动元。于后后有生计度者，是人坠入五涅槃论。或以欲界为正转依，观见圆明生爱慕故。或以初禅，性无忧故。或以二禅，心无苦故。或以三禅，极悦随故。或以四禅，苦乐二亡，不受轮回生灭性故。迷有漏天，作无为解。五处安隐为胜净依。如是循环，五处究竟。由此计度五现涅槃，堕落外道，惑菩提性。是则名为第十外道，立五阴中五现涅槃，心颠倒论。

阿难。如是十种禅那狂解，皆是行阴用心交互，故现斯悟。众生顽迷，不自忖量。逢此现前，以迷为解，自言登圣。大妄语成，堕无间狱。汝等必须将如来语，于我灭后，传示末法。遍令众生觉了斯义。无令心魔自起深孽。保持覆护，销息邪见。教其身心，开觉真义。于无上道不遭枝歧。勿令心祈得少为足。作大觉王清净标指。

阿难。彼善男子修三摩提行阴尽者。诸世间性，幽清扰动同分生机，倏然隳裂，沉细纲纽。补特伽罗，酬业深脉，感应悬绝。于涅槃天将大明悟。如鸡后鸣，瞻顾东方，已有精色。六根虚静，无复驰逸。内外湛明，入无所入。深达十方十二种类，受命元由。观由执元，诸类不召。于十方界，已获其同。精色不沈，发现幽秘。此则名为识阴区宇。若于群召，已获同中销磨六门，合开成就。见闻通邻，互用清净。十方世界及与身心，如吠琉璃，内外明彻，名识阴尽。是人则能超越命浊。观其所由，罔象虚无，颠倒妄想，以为其本。

阿难当知。是善男子穷诸行空，于识还元，已灭生灭，而于寂灭精妙未圆。能令己身根隔合开，亦与十方诸类通觉，觉知通㳷，能入圆元。若于所归，立真常因，生胜解者，是人则堕因所因执。娑毗迦罗所归冥谛，成其伴侣。迷佛菩提，亡失知见。是名第一立所得心，成所归果。违远圆通，背涅槃城，生外道种。

阿难。又善男子穷诸行空，已灭生灭，而于寂灭精妙未圆。若于所归，觉为自体，尽虚空界十二类内所有众生，皆我身中一类流出，生胜解者，是人则堕能非能执。摩醯首罗，现无边身，成其伴侣。迷佛菩提，亡失知见。是名第二立能为心，成能事果。违远圆通，背涅槃城，生大慢天我遍圆种。

又善男子穷诸行空，已灭生灭，而于寂灭精妙未圆。若于所归有所归依，自疑身心从彼流出。十方虚空，咸其生起。即于都起所宣流地，作真常身无生灭解。在生灭中，早计常住。既惑不生，亦迷生灭。安住沉迷生胜解者，是人则堕常非常执。计自在天，成其伴侣。迷佛菩提，亡失知见。是名第三立因依心，成妄计果。违远圆通，背涅槃城，生倒圆种。

又善男子穷诸行空，已灭生灭，而于寂灭精妙未圆。若于所知，知遍圆故，因知立解。十方草木皆称有情，与人无异。草木为人，人死还成十方草树。无择遍知，生胜解者，是人则堕知无知执。婆吒霰尼，执一切觉，成其伴侣。迷佛菩提，亡失知见。是名第四计圆知心，成虚谬果。违远圆通，背涅槃城，生倒知种。

又善男子穷诸行空，已灭生灭，而于寂灭精妙未圆。若于圆融根互用中，已得随顺。便于圆化一切发生，求火光明，乐水清净，爱风周流，观尘成就，各各崇事。以此群尘，发作本因，立常住解。是人则堕生无生执。诸迦叶波并婆罗门，勤心役身，事火崇水，求出生死，成其伴侣。迷佛菩提，亡失知见。是名第五计著崇事，迷心从物，立妄求因，求妄冀果。违远圆通，背涅槃城，生颠化种。

又善男子穷诸行空，已灭生灭，而于寂灭精妙未圆。若于圆明，计明中虚，非灭群化，以永灭依，为所归依，生胜解者，是人则堕归无归执。无想天中诸舜若多，成其伴侣。迷佛菩提，亡失知见。是名第六圆虚无心，成空亡果。违远圆通，背涅槃城，生断灭种。

又善男子穷诸行空，已灭生灭，而于寂灭精妙未圆。若于圆常，固身常住。同于精圆，长不倾逝，生胜解者，是人则堕贪非贪执。诸阿斯陀求长命者，成其伴侣。迷佛菩提，亡失知见。是名第七执著命元，立固妄因，趣长劳果。违远圆通，背涅槃城，生妄延种。

又善男子穷诸行空，已灭生灭，而于寂灭精妙未圆。观命互通，却留尘劳，恐其销尽。便于此际坐莲华宫，广化七珍，多增宝媛，纵恣其心，生胜解者，是人则堕真无真执。吒枳迦罗成其伴侣。迷佛菩提，亡失知见。是名第八发邪思因，立炽尘果。违远圆通，背涅槃城，生天魔种。

又善男子穷诸行空，已灭生灭，而于寂灭精妙未圆。于命明中分别精粗，疏决真伪，因果相酬，唯求感应，背清净道。所谓见苦断集，证灭修道。居灭已休，更不前进，生胜解者，是人则堕定性声闻。诸无闻僧，增上慢者，成其伴侣。迷佛菩提，亡失知见。是名第九圆精应心，成趣寂果。违远圆通，背涅槃城，生缠空种。

又善男子穷诸行空，已灭生灭，而于寂灭精妙未圆。若于圆融清净觉明，发研深妙，即立涅槃而不前进，生胜解者，是人则堕定性辟支。诸缘独伦不回心者，成其伴侣。迷佛菩提，亡失知见。是名第十圆觉䪳心，成湛明果。违远圆通，背涅槃城，生觉圆明不化圆种。

阿难。如是十种禅那，中涂成狂，因依迷惑，于未足中生满足证。皆是识阴用心交互，故生斯位。众生顽迷，不自忖量。逢此现前，各以所爱先习迷心，而自休息。将为毕竟所归宁地。自言满足无上菩提。大妄语成，外道邪魔所感业终，堕无间狱。声闻缘觉，不成增进。汝等存心秉如来道。将此法门，于我灭后，传示末世。普令众生，觉了斯义。无令见魔，自作沈孽，保绥哀救，销息邪缘。令其身心入佛知见。从始成就，不遭歧路。如是法门，先过去世恒沙劫中，微尘如来，乘此心开，得无上道。识阴若尽，则汝现前诸根互用。从互用中，能入菩萨金刚干慧。圆明精心，于中发化。如净琉璃，内含宝月。如是乃超十信、十住、十行、十回向、四加行心，菩萨所行金刚十地，等觉圆明，入于如来妙庄严海。圆满菩提，归无所得。此是过去先佛世尊，奢摩他中，毗婆舍那，觉明分析微细魔事。魔境现前，汝能谙识，心垢洗除，不落邪见。阴魔销灭。天魔摧碎。大力鬼神，褫魄逃逝。魑魅魍魉，无复出生。直至菩提，无诸少乏。下劣增进，于大涅槃心不迷闷。若诸末世愚钝众生，未识禅那，不知说法，乐修三昧，汝恐同邪，一心劝令持我佛顶陀罗尼咒。若未能诵，写于禅堂，或带身上，一切诸魔，所不能动。汝当恭钦十方如来，究竟修进最后垂范。

阿难即从座起。闻佛示诲，顶礼钦奉，忆持无失。于大众中重复白佛。如佛所言五阴相中，五种虚妄为本想心。我等平常，未蒙如来微细开示。又此五阴，为并销除，为次第尽。如是五重，诣何为界。惟愿如来发宣大慈。为此大众清净心目。以为末世一切众生，作将来眼。

佛告阿难。精真妙明本觉圆净，非留死生及诸尘垢。乃至虚空，皆因妄想之所生起。斯元本觉妙明真精，妄以发生诸器世间。如演若多，迷头认影。妄元无因。于妄想中立因缘性。迷因缘者，称为自然。彼虚空性，犹实幻生。因缘自然，皆是众生妄心计度。

阿难。知妄所起，说妄因缘。若妄元无，说妄因缘元无所有。何况不知，推自然者。是故如来与汝发明，五阴本因，同是妄想。

汝体先因父母想生。汝心非想，则不能来想中传命。如我先言心想醋味，口中涎生。心想登高，足心酸起。悬崖不有，醋物未来。汝体必非虚妄通伦。口水如何因谈醋出。是故当知，汝现色身，名为坚固第一妄想。

即此所说临高想心，能令汝形真受酸涩。由因受生，能动色体。汝今现前顺益违损，二现驱驰，名为虚明第二妄想。

由汝念虑，使汝色身。身非念伦，汝身何因随念所使。种种取像。心生形取，与念相应。寤即想心。寐为诸梦。则汝想念，摇动妄情，名为融通第三妄想。

化理不住，运运密移。甲长发生，气销容皱。日夜相代，曾无觉悟。阿难。此若非汝，云何体迁。如必是真，汝何无觉。则汝诸行念念不停，名为幽隐第四妄想。

又汝精明湛不摇处，名恒常者。于身不出见闻觉知。若实精真，不容习妄。何因汝等，曾于昔年睹一奇物。经历年岁，忆忘俱无，于后忽然覆睹前异，记忆宛然，曾不遗失。则此精了湛不摇中，念念受熏，有何筹算。阿难当知。此湛非真。如急流水，望如恬静，流急不见，非是无流。若非想元，宁受妄习。非汝六根互用开合，此之妄想无时得灭。故汝现在见闻觉知中串习几，则湛了内罔象虚无，第五颠倒微细精想。

阿难。是五受阴，五妄想成。汝今欲知因界浅深。唯色与空，是色边际。唯触及离，是受边际。唯记与忘，是想边际。唯灭与生，是行边际。湛入合湛，归识边际。此五阴元，重叠生起。生因识有，灭从色除。理则顿悟，乘悟并销。事非顿除，因次第尽。我已示汝劫波巾结，何所不明，再此询问。汝应将此妄想根元，心得开通，传示将来末法之中诸修行者。令识虚妄，深厌自生。知有涅槃，不恋三界。

阿难。若复有人，遍满十方所有虚空，盈满七宝。持以奉上微尘诸佛，承事供养，心无虚度。于意云何。是人以此施佛因缘，得福多不。

阿难答言：虚空无尽，珍宝无边。昔有众生施佛七钱，舍身犹获转轮王位。况复现前虚空既穷，佛土充遍，皆施珍宝。穷劫思议，尚不能及。是福云何更有边际。

佛告阿难。诸佛如来，语无虚妄。若复有人，身具四重十波罗夷，瞬息即经此方他方阿鼻地狱，乃至穷尽十方无间，靡不经历。能以一念将此法门，于末劫中开示未学。是人罪障，应念销灭。变其所受地狱苦因，成安乐国。得福超越前之施人，百倍千倍千万亿倍，如是乃至算数譬喻所不能及。

　　阿难。若有众生，能诵此经，能持此咒，如我广说，穷劫不尽。依我教言，如教行道，直成菩提，无复魔业。佛说此经已。比丘、比丘尼、优婆塞、优婆夷。一切世间天人阿修罗，及诸他方，菩萨二乘，圣仙童子，并初发心大力鬼神，皆大欢喜，作礼而去。

谨以此书献给全球佛经阅读者，佛教研究者，佛学爱好者，以及佛教信仰者。

www.ingramcontent.com/pod-product-compliance
Lightning Source LLC
Chambersburg PA
CBHW052122070526
44586CB00016B/2044